伊藤龍平

Ryohei Ito

何かが後をついてくる

妖怪と身体感覚

青弓社

何かが後をついてくる――妖怪と身体感覚／目次

第4章 口承妖怪ダンジュウロウ 98

第5章 狐は人を化かしたか 121

第8章　「妖怪図鑑」談義　195

第9章　妖怪が生まれる島　221

装丁——Malpu Design［清水良洋］

序　妖怪の詩的想像力

1　ビシャガックに遭った夜

みなさんは妖怪を体験したことはあるだろうか。「見たこと」ではない、「体験したこと」である。私は、ある……ような気がする。

ビシャガックという妖怪がいる。「ビシャ」というのは水がはねる音を表した擬音語で、「ツク」は「ついてくる」の意味だが、「憑く」ともとれる。福井県に出る妖怪で、みぞれ降る夜道を歩いていると、後ろから、びしゃ、びしゃと、足音がついてくるのだとか。

このマイナーな妖怪が気にかかるのは、私の幼いころの体験が思い出されるからだ。場所は福井県ではなく、北海道。みぞれが降る道ではなく、踏み固められた雪道だったが。

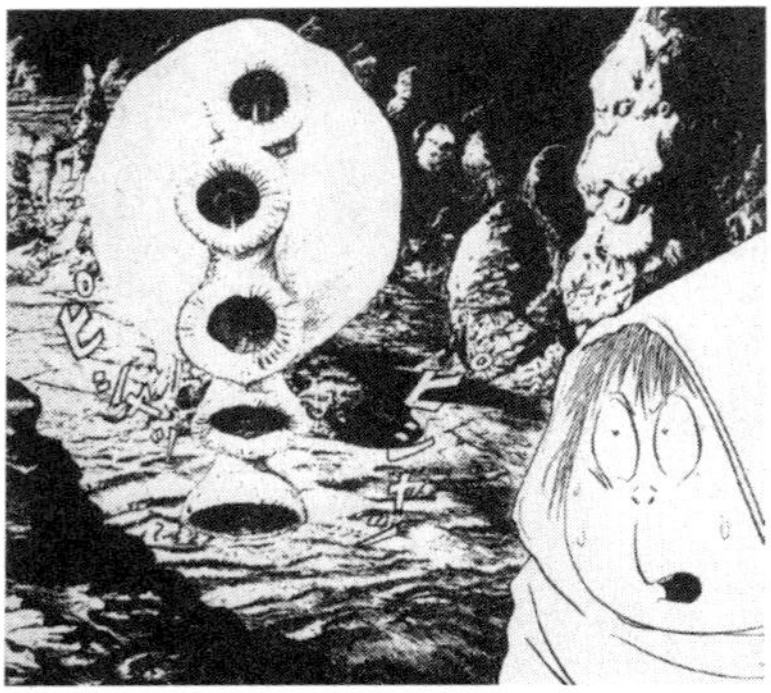

図1　「びしゃがつく」
（出典：水木しげる『妖怪なんでも入門』〔小学館入門百科シリーズ〕、小学館、1974年、131ページ）

小学校三、四年生のころだったろうか。友達と夕方まで遊んだあと、一人、家路を歩いていたときのことだ。人家もまばらな雪原の一本道。日が落ちると、雪は薄桃色から水色へと移ろいでいく。そんななか歩いていると、どうにも後ろが気になる。自分以外の足音が、キュッキュッと聞こえるような気がする。気配は感じるものの、振り返ると誰もいない。そのうち背後だけではなく、横や斜め前方も気になってくる。次第に早足になり、ついには駆け足になって雪道を急ぎ、息を切らせて両親が待つ家にたどり着いたとき、人界に戻ったような、ホッとした気持ちになった。気がつくと、もう気配は消えていた。

いま思い出してみても、何がそんなに怖かったのか、自分でも説明がつかない。しかし、雪国で育った人なら、一度はこういう感覚を味わったことがあるはずだ。

そういうこともあって、水木しげるの妖怪画に「びしゃがつく」という妖怪を見つけたとき、「あぁ、あの……」と思ったわけだ。(1) 私は、そのとき初めてビシャガツクの姿を見た。水木が描いたビシャガツクは、吸盤状の突起物が並んだ、奇妙なオブジェのような姿をしていた。

水木のビシャガツクの元ネタが柳田國男の「妖怪名彙」だと知ったのは後年のこと。ごく短い記述で、全文を引用すると、「越前坂井郡では冬の霙雪の降る夜路を行くと、背後からびしゃ〳〵と足音が聴えることがあるといふ。それをビシャがつくといつて居る」[2]。水木が与えたビシャガックのビジュアルは、完全にオリジナルのものである。

私は先ほど「ビシャガックという妖怪がいる」と書いたが、正確にいうと、「ビシャ」までが妖怪の名前で、「ガック」は妖怪の行動を指している。柳田も「ビシャがつく」とカタカナ・ひらがな交じりで表記している。[3]この妖怪が話されたときのことを想像するに、「いやぁ、昨日、夜歩いてたら、ビシャにつかれてきちゃって……」とか「どうもビシャがついてくる気がするんだよ……」とかと会話していたのではないだろうか。それがそのうち、行動の部分をも含めて「ビシャガック」という妖怪の名になったのだろう。

「ビシャガック」という名称には、「後ろをついてくる」という妖怪の行動だけではなく、その先を行く人間の「歩く」という行動も内包されている。

千葉幹夫『全国妖怪事典』ではビシャガックを「道の怪」と分類しているが[4]、本質をついていると思う。道を「歩く」という行為は、おのずと人の視界に制限を与える。言葉を替えれば、死角を作る。夜道であれば足元の悪さから視線は下を向きがちになるし、みぞれが降っているとなると視界はますます悪くなる。そして視力がきかないぶん、聴力が研ぎすまされる。「歩く」ことによって生じる身体感覚が、この妖怪の肝である。

『全国妖怪事典』の「道の怪」を見ていくと、妖怪と身体感覚との関係が見えてくる。

例えば、ビシャガックとよく似たベトベトサンや、オクリオオカミ、オクリスズメ、オクリビなども、夜道を行く人の後をついてくる。背後から襲ってくるバリヨンやオイガカリはいわゆる「おんぶお化け」。いずれも「歩く」ことによって生じる、背後という死角に対する恐怖が生み出した妖怪だ。「歩く」ことによって生じる死角は、背後だけではない。アブラスマシ、ツルベオロシ、ヤカンズルなどは上から落ちかかってくる。砂を振りかけるスナフラシ、スナカケババなどもこの仲間に入れられるだろう。スネコスリ、アシマガリなどは、下から足元をねらう。シバガキやヌリボウなどは横から出るらしい。前方に立ちふさがるヌリカベやノブスマなどは、死角をつくわけではないが、「歩く」身体に関連するという意味では同じである。

私は、「妖怪」とは、身体感覚の違和感のメタファーだと思っている。その違和感が個人を超えて人々のなかで共有されたとき、「妖怪」として認知される。少なくとも、民間伝承の妖怪たちの多くは、そうして生まれたのだろう。

2 妖怪感覚と命名技術

夜道を歩いているときに背後に違和感を覚えたことがある人は多いだろうが、しかし、それは怪しいという感覚だけで——仮に「妖怪感覚」と呼んでおく——「妖怪」とはいえない。その感覚が広く共有されて、そこに「ビシャガツク」といった名前がつけられたとき、「妖怪感覚」は「妖怪」になる。重要なのは「共感」と「名づけ」である。

あまり知られていないが、「命名技術」は、口承文芸の一領域である。柳田國男は、命名技術を

「群の感じを覚るに敏な者が、代表して総員の言おうとするところを言った」[5]ことと記している。柳田が例にあげているのは虫類の名と地名だが、妖怪でも同じだろう。[6]

一つ、示唆的な例を紹介する。静岡県沼津市の例だ。話し手の近藤たきさん（一九一一年生まれ）が子どものころというから、大正時代の話だと思われる。[7]

私の子どものころはねえ、一年に二回は大雪がありました。一尺位積もりました。雪の晩になりますとねえ、父がね、

「ゆきかどトントンが始まるよう。今に鳴るよ」

と言いますとねえ、私の家は昔の家で大きい戸でしてねえ、くぐり戸ってゆうのがあるわけです。そのくぐり戸がねえ、トントン、トントンて間隔を置いて二つっつ〔二つずつ：引用者注〕鳴るんです。父がねえ、

「ゆきかどトントンが始まったよ」

って言った。風でしょうねえ。雪が降るって事が寝てても分かったです。

現在でも、沼津で雪が降ることは珍しい。くぐり戸が風で鳴ることはほかの季節でもあっただろうが、雪の降る夜という物珍しさが命名のポイントになっている。父親の言葉からは、「ゆきかどトントン」という語がこの家庭で定着していたことがわかる。これがよその家でも共有されると、「ゆきかどトントン」という現象が認知される。日常に感じられる違和感が共有され、名づけられ

ているので、「妖怪」までもう一歩というところだ。

これに関連していうと、島根県隠岐の島町にはセコという妖怪が出る。話によっては河童のようなものだというが、民俗学者の田中瑩一の報告では、姿は見せず、雪の降る夜に、風に交じって声を聴かせるのだという。次に、野津キウさん（一八九三年生まれ）の話を引用するが、違和感に対する「名づけ」がなされているという意味で、「ゆきかどトントン」が妖怪一歩手前というのが、おわかりいただけると思う。

ここらの上の方でも、雪が降るときなんかにね、ひゅっ、ひゅっ、いうて。
「あっ、せこがまた出てきたぞ」
と言っておりました。(8)

このあと、お風呂場から「ちゃぽちゃぽ」と音が聞こえるという。妖怪も寒がるものだろうか。なかには、もとの意味が忘れられて、言葉が独り歩きするケースもある。次に紹介するのは、三重県磯部町の例。

むかし、上之郷の「千田の御池さん」あたりを通るとの、何の音か知らんがするということや。その音は「ゴトゴト、スー」というような音での、村の人は誰いうとなく「シンギョイ、ゴトゴト」と呼んだんや。

おれは夜道はなれているし、よし聞いてやろうと何べんも通ったけどの、竹やぶの笹の鳴る音は聞いたが、「ゴトゴト」の音はとうとう聞こえなんだ。

あのあたりは寺はあるし、御池もあって人家も少なく、夜まわりでも気持ちのええとこではなかったわ。「シンギョイ、ゴトゴト」……へんな言葉と思っているがの。(9)

解説では、「シンギョイ」は「新御衣」、すなわち「今年の新しい「おかいこ〔蚕：引用者注〕さん」で織った絹の織物や新しい麻糸で織った麻の衣」で、「ゴトゴト」は機織りの音を指し、ここが「神に供えるための機を織る場所」だったという説を示している。おそらく、そのとおりなのだろうが、話し手の男性は「シンギョイ、ゴトゴト」という語の意味を理解していない。名づけと言葉の独り歩き、これも「妖怪」一歩手前の段階といっていい。

3　五官に感じる妖怪

こうした例から導き出されるのは、身体感覚に根ざした言葉から「妖怪」の生成過程と伝承動態を考えること、つまり、口承文芸研究の方面からのアプローチが重要だということである。と同時に、名づけより感覚のほうが先行していることも指摘できる。

「道の怪」に限らず、妖怪感覚を形作っているのは、こちら（人間）からは相手（妖怪）は見えないが、相手からはこちらが見えているという状況である。「見る」妖怪と「見られる」人間のアンバランスな対比。この点については、アイヌ学者・萱野茂の報告[10]が参考になる。以下、アイヌ語の解釈は萱野の文章の引用（カッコ内は萱野の言葉）。

ペポソインカラは、アイヌ語の意味からすると、「ペ＝滴、あるいは水を意味する、ポソ＝通す、インカラ＝見る」で、「水中に暮らしていて、水の中から外を見ていて人間に悪さをすると言われている化け物」のこと。キナポソインカラは、同じく「キナ＝青草とか雑草、ポソ＝通す、インカラ＝見る」で、「雑草の中からじっと外を見ていて人間に悪さをする化け物」。イワポソインカラは、「イワ＝岩とか崖とか岩山、ポソ＝通す、インカラ＝見る」で、「岩の中にいて人間に悪さをする化け物」。どんな姿をしているかは不明だが、萱野は「体全体が目になっている複眼の大きい塊のような気がする」と類推している。

これらの妖怪たちはいずれも、物陰からじっと人間を見ている。体験をしたアイヌたちは、得体のしれない何ものかの視線を感じたのだろう。体験に対する名づけが、そのまま妖怪の名称になっている。文字をもたないアイヌは、それだけに言葉に磨きをかけた。

アイヌの妖怪たちは、いったい何のために人間を見ているのだろう。ビシャガックやベトベトサンは人を襲わないようだが、「見る」行為の次には、「襲う」という行動が続く危険性もある。極力、その気配を察し、妖怪に「見られる」のを避けなければならない。では、どこで妖怪の気配を察知するのだろうか。

人間には、五感（視覚、聴覚、触覚、嗅覚、味覚）があり、それらを察知する器官を五官（目、耳、肌、鼻、舌）という。基本的には、妖怪も五官で捉えられる[11]。

視覚で捉えられる妖怪――人間が「見る」妖怪とは、ノビアガリ（伸び上がり）のような例である。影法師のような姿で目の前に現れ、見上げれば見上げるほど伸び上がる。ミコシニュウドウ（見越し入道）、シダイダカ（次第高）、ノリコシ（乗り越し）といった類似妖怪も伝えられている。

写真1　雪の夜道（筆者撮影）

これらの妖怪の名称には、妖怪体験をした人の身体（見る行為と視線の移動）が内包されている。実は、視覚に訴える妖怪はそう多くないのだが、インパクトはある。

聴覚で捉えられる妖怪――「聞く」妖怪はもっとも多い。笑い声を響かせるテングワライ（天狗笑い）、木の倒れる音を響かせるフルソマ（古杣）、大声比べをするヤマビコ（山彦）、それからアズキトギ（小豆とぎ）に、タヌキバヤシ（狸囃子）……。夜間や山中など視覚が制限される場所での例が多い。妖怪を感知する器官の多くは耳であった。口承文芸研究と妖怪が関連するのは、そういう理由による。

触覚で捉えられる妖怪――「触る」妖怪は、だいたい尻か頬をなでる。尻をなでるといっても満員電車に出るわけではなく、便所に出る。京都ではカイナデ（掻いなで）というそうだが、河童や狸が正体だともいう。ホオナデ（頬なで）、イソナデ（磯など）、ソデヒキ（袖引き）などもそう。現在のお化け屋敷で、コンニャクで客の頬をなでるのもこの流れをくむのだろう。また、「精霊風」のような怪しい風も、触覚によって捉えられる。(12)
嗅覚で捉えられる妖怪――「嗅ぐ」妖怪というと、あまり一般的ではないが、妖怪が現れる前ぶれで「生臭いにおいがする」というのはよく聞く。妖怪の側が、隠れている人間の臭いに気づいて「人臭い、人臭い」というのもパターンの一つだ（映画『千と千尋の神隠し』〔監督：宮崎駿、二〇〇一年公開〕にも同様の場面がある）。また、妖怪がヨモギなど特定の植物の葉の臭いを嫌うこともあり、魔除けに用いられる。(13)
味覚で捉えられる妖怪――「味わう」妖怪は少ない。妖怪の側が舌を出すのはよくあるが（テンジョウナメ＝天井舐め、アカナメ＝垢舐めなど）、人間の味覚に訴えるものではない。狐狸貉《こりむじな》に化かされた人が馬糞を団子に見せかけて食べさせられるという話があるが、このあたりが味覚の怪異の例といえるだろうか。(14)
以上、民俗資料から例を引いてみたが、ネット時代が到来して、「妖怪」をキャッチする五官も変化した。この点については、「八尺様」というネット妖怪とノビアガリを題材に論じたことがあるので、繰り返さない。(15)

4　名辞以前の恐怖

小松和彦は、妖怪を、①出来事としての妖怪（妖怪・現象）、②存在としての妖怪（妖怪・存在）、③造形としての妖怪（妖怪・造形）の三種に分ける案を提示している。[16] 三者は並列するものではなく、①の領域のなかに②があり、②の領域のなかに③があるというふうに、入れ子式になっている。先に紹介した五官に感じられる妖怪は、①の「妖怪・現象」である。小松も、五官それぞれに感じられる妖怪を例示し、「それが妖怪現象とみなされるようになる、その社会なり文化なりが作り出してきた、独自のメカニズムが働いている」とし、また、「名付け」が「怪異・妖怪体験の共同化・共同幻想化」を促すとしている。

例えば、みぞれ降る夜道で妖怪現象を体験したとして、それが名づけられ共有されたとき、ビシャガツクという妖怪存在が意識される。次にくるのが妖怪造形だが、ビシャガツクの場合、水木の妖怪画を除けば、そこまでにはいたっていない。

研究史を振り返ると、「妖怪存在」「妖怪造形」に比べて「妖怪現象」に関する論はやや手薄だったことに気づかされる。本書では、この点に留意し、(1)身体感覚と妖怪、(2)話された妖怪、(3)妖怪のビジュアル化の三点に注意を払いながら、妖怪談義をしてみたい。

大事にしたいのは、名づけ以前の妖怪感覚である。中原中也の詩論を引用するなら「名辞以前」[17]に、つまり「ビシャガツク」と名づけられる以前に、どのような感覚がそこにあったのか。背後に迫る何かが、妖怪なのか幽霊なのか、人なのか動物なのか、悪漢なのかただの通りすがりなのか、あるいは、単に気のせいなのか。それが認識されて解釈されるまでの刹那に、どのような心の動きがあったかが重要なのである。中原は「芸術というのは名辞以前の世界の作業」と述べているが、

「妖怪」を生み出す源も、そうした詩的想像力である。「妖怪」は人々に共有されることによって生まれるが、体験そのものは個別的なものである。そのあとに「話す」「書く」という個人的行為があり、相手に伝えられ、共有されなければならない。広義の文学的営為といえるだろう。

本書での「妖怪」の定義については、「祀られていない超越的存在」という小松の定義[18]で十分なので、それにのっとることにする。もちろん、廣田龍平がいうように、「超越的存在」という語が時代によって移ろっていく点には注意しなければならないが（廣田は「超自然的」という語に疑義を呈している[19]）。

私が頭を悩ませているのは「幽霊」という語である。

わが国の怪異伝承研究史を振り返ったとき、その初発の段階で、柳田國男が「妖怪」と「幽霊」を区別したのは、後年の研究水準での不備はあったにせよ、慧眼だったと思う。

柳田は「誰にも気のつくようなかなり明瞭な差別が、オバケと幽霊との間にはあった[20]」とし（柳田は「妖怪」「お化け」「化け物」を同義で使っている）、特定の場所に出て相手を選ばず襲うのが「妖怪」、場所とは無関係に出て特定の相手を追い続けるのが「幽霊」だとした。現在では否定的に扱われることが多い説だが、この概念規定が、後年の研究の進展を生んだことは間違いない。研究史とは、部分否定の連続である。

この点について、小松和彦は、「妖怪」を「幽霊」を含めた大概念と捉え、両者の関係を「動物」と「人間」に例えている[21]。「動物」のなかに「人間」があるように、「妖怪」のなかに「幽霊」がある。「幽霊」とは、「妖怪」の特殊なかたちなのだというわけだ。

たしかに学術用語として理詰めで考えればそのとおりかもしれないが、こと民間語彙として考えた場合、「妖怪」と「幽霊」の間には、それこそ柳田がいうように、「誰にも気のつくようなかなり明瞭な差別」がある。端的にいえば、人の生の（＝死の）延長線上にないモノが「妖怪」であり、延長線上にあるモノが「幽霊」だという区別である。

また、「妖怪」がリアリティーを失っているのに対して、「幽霊」は現役だともいえる。カッパが信じられなくなって久しいが、水辺の地縛霊には人は恐怖心を抱くのだ(22)。

とはいえ、小松の主張を退ける根拠もないので、本書では、「幽霊」を含めた大概念としての「妖怪」を「広義の妖怪」と呼ぶことにする。本当は大概念としての「妖怪」を示す用語があればいいのだが、適切な語が見つからないので、便宜上、そうするしかない。個人的には、伊藤慎吾がいう「異類」あたりがふさわしいと思っているのだが(23)。

闇が失われつつある現在こそ、五官に作用する、原初的で不定形な妖怪について考える必要がある。闇への畏《おそ》れと詩的想像力とを取り戻すこと、それは人間の本能を守ることだと、私は思う。

注

(1) 水木のビシャガックのデザインは何種類かあり、私が見たのは、『妖怪なんでも入門』（「小学館入門百科シリーズ」、小学館、一九七四年）掲載のもの。ポピュラーなのは、黒いひょうたん形の胴体に一つ目の姿のビシャガックだと思われる。

（2）ビシャガックは報告例が少ない妖怪で、柳田國男「妖怪名彙」（「民間伝承」第三巻第十二号、秋田書店、一九三八年。のち、『妖怪談義』〔現代選書〕、修道社、一九五六年）に報告されたのがほぼ唯一の例だったが、朝里樹『日本現代怪異事典』（笠間書院、二〇一八年）には、茨城県の例として、「ぴしゃがつく」（傍点は引用者）が立項されている。水木しげる「妖怪目撃画談」（「怪」第十四号、角川書店、二〇〇三年）に報告された例だが、内容はまったく違っていて、雨の夜、寝ていた少年が、雨音に混じってピシャ、ピシャという怪しい足音を聞くというもの。水木の妖怪事典から派生したものと思われるが、判断は難しい。なお、この「横臥する身体」と妖怪については第1章「花子さんの声、ザシキワラシの足音」を参照。ちなみに、水木は「ぴしゃがつく」の表記を用いることもある。

（3）なお、初出の「民間伝承」（前記）では、柳田は「ビシャが附く」と、カタカナ・ひらがな・漢字交じりで表記している。ちなみに、『日本妖怪大事典』によると、丹後地方には「ビシャどん」という妖怪がいて、やはりビシャビシャと音を立てて、後をついてくるという。「いかがのはなし」（『丹後の民話』第一集、丹後民話研究会、一九七一年）に載る話で、「どん」は「殿」の意味なので、やはり「ビシャ」までが妖怪名と見なせる。同様の例は、「ツルベオロシ（つるべ下ろし）」「チャブクロサガリ（茶袋下がり）」「ツチコロビ（槌転び）」など数多い。これらの名づけには、妖怪の行動に加えて、体験者の身体も内包されている。また、これらの妖怪がモノ（存在）ではなく、コト（現象）として話されている点にも留意したい。村上健司編著、水木しげる画『日本妖怪大事典』（怪BOOKS）、角川書店、二〇〇五年、京極夏彦『妖怪の理 妖怪の檻』（怪BOOKS）、角川書店、二〇〇七年

（4）千葉幹夫編『全国妖怪事典』（小学館ライブラリー）、小学館、一九九五年。初出は谷川健一責任編集『妖怪』（「日本民俗文化資料集成」第八巻）、三一書房、一九八八年）。

(5) 柳田國男「口承文芸史考」『日本文学』第十一巻、岩波書店、一九三二年

(6) この点について、姜竣は「大きくいえば、柳田の実践は、近代の言葉が自己言及性ゆえに、体から名＝文字を奪うかのように普遍化する傾向に抵抗して、再び物を名＝音声で呼ぼうとする姿勢の産物であった。その手がかりの一つが、妖怪の音や声だったのである」とし、水木の妖怪画にはこの視点が欠けていると指摘している。姜竣『紙芝居と〈不気味なもの〉たちの近代』(越境する近代)、青弓社、二〇〇七年、一八四ページ

(7) 沼津市史編集委員会民俗部会編『岡宮の民俗』(「沼津市史編さん調査報告書」第六集、「民俗調査報告書」第三巻)、沼津市教育委員会、一九九四年。引用に際して改行個所を改めた。

(8) 田中瑩一『伝承怪異譚——語りのなかの妖怪たち』(三弥井民俗選書)、三弥井書店、二〇一〇年

(9) 磯部町教育委員会編『磯部のむかしばなし——郷土に伝わる四十六話』磯部町教育委員会、一九八七年。引用に際して改行個所を改めた。

(10) 萱野茂『妻は借りもの——アイヌ民族の心、いま』北海道新聞社、一九九四年

(11) ここでは、便宜的に五感を分けて記したが、実際にはこれらが混交している場合が多い。例えば、聴覚に訴える妖怪とされるアズキトギも、その音には、手を水に浸して米をとぐときの触覚が含まれているとみることもできる。そうした拡張された身体感覚も視野に入れる必要があるだろう。

この点について、神田朝美は「ある感覚器で捉えることができても別の感覚器では捉えることができない異常な現象や説明不可能な経験」が「妖怪」と認識されるとし、ビシャガツクを例にあげている。この見解にくみすると、五官のバランスが崩れたときに「妖怪感覚」が発動するのだといえる。小松和彦監修、小松和彦／常光徹／山田奨治／飯倉義之編『日本怪異妖怪大事典』東京堂出版、二〇一三年

(12) 幽霊・妖怪が現れる前兆として、怪しい風（「生臭い」と表現されることが多い）が吹くことがあるが、「風」そのものが妖怪視されていたことは、もっと注意されていい。病名の「風邪」もこれに由来するのだろう。古くは、病気も妖怪が原因とされていた。息を吹きかける幽霊・妖怪も、風の擬人化といえなくもない。鳥山石燕『今昔画図続百鬼』（一七七九年）に載る「火消婆《ひけしばば》」が生まれた背景として、以上の指摘ができる。この点について、常光徹は、高知県に伝承されているキサキノカゼを例に論じている。マドウミチ（尾根筋）を吹く風で、これに吹かれると病気になったり死んだりするという。「ミサキノカゼにうたれる」という言い回しがあった模様。常光徹『妖怪の通り道――俗信の想像力』吉川弘文館、二〇一三年

(13) 水木しげるは、妖怪シロウネリについて次のように解説している。「台所などで、古いぞうきんなどをほったらかしておくと、雨もりの湿気やほこりがつもったりして発酵し、悪臭が発するころには、この「白溶裔」という妖怪と化す」（水木しげる『日本妖怪大全』〔KCデラックス〕、講談社、一九九一年）。原典となった鳥山石燕の『画図百器徒然袋』（一七八四年）にはない解説で、おそらくは水木の創作と思われるが、嗅覚に訴える妖怪の可能性としてあげておく。なお、「白容裔《しろうねり》」については、第3章「「化物問答」の文字妖怪」を参照。

(14) 創作だが、阿刀田高の小説「奇談パーティー」は、味覚に訴える怪異をテーマにしている。怖さのなかにも夫婦の情愛が描かれた、まさに味わい深い一編である。阿刀田が味覚の怪異を描くのに自覚的だったことは、阿刀田高「夏が来れば思い出す」（「エムヴール」二〇〇五年七・八月合併号、三越友の会）でふれている。

(15) ネット空間での妖怪については下記拙著でふれているものの、昨今のSNS文化には対応していない。デジタル・ネイティブ世代による考察がまたれる。伊藤龍平『ネットロア――ウェブ時代の「ハ

ナシ」の伝承』青弓社、二〇一六年
(16) 小松和彦「妖怪とは何か」、小松和彦編著『妖怪学の基礎知識』(角川選書) 所収、角川学芸出版、二〇一一年
(17) 中原中也「芸術論覚え書」(一九三四年) にある言葉。中原の生前には発表されなかった。引用は、中原中也、吉田凞生編『汚れっちまった悲しみに――わが人生観』(大和出版、一九七六年) によった。
(18) 小松和彦『妖怪学新考――妖怪からみる日本人の心』小学館、一九九四年
(19) 廣田の見解は、妖怪の認識論に関わるもので、今後、この方面の研究をする者にとっての課題になるだろう。廣田龍平「妖怪の、一つではない複数の存在論――妖怪研究における存在論的前提についての批判的検討」「現代民俗学研究」第六号、現代民俗学会、二〇一四年
(20) 柳田國男「妖怪談義」「日本評論」日本評論新社、一九三六年 (のち、前掲『妖怪談義』)
(21) 前掲「妖怪とは何か」
(22) もっとも、ネットを中心とした現代の怪談に登場する怪異主体には、「妖怪」と呼ぶのがふさわしいモノが多い。現代の怪談になぜ「妖怪」が復活したのかは一考を要する問題である。詳しくは、前掲『日本現代怪異事典』を参照。
(23) 伊藤慎吾が中心となって立ち上げられた異類の会では、「異類」を「鳥・獣・虫・植物・器物・妖怪の総称」「人間以外のキャラ」と定義し、「神仏を含めるかにどうかについては、会員それぞれの必要性に従う」としている (「異類の会」[http://irui.zoku-sei.com/] [二〇一七年十月十五日アクセス])。同会の成果は、伊藤慎吾編『妖怪・憑依・擬人化の文化史』(笠間書院、二〇一六年) にまとめられている。「異類婚姻譚」という場合の「異類」の使われ方や、造語ではなく、学術用語として

はまだ手垢がついていないことを考えてみても、大概念としての「妖怪」を示すのにふさわしいと思うのだが、いかがだろうか。

〔付記〕本書で用いている繁体字の文献は新字体に改めた。

第1章　花子さんの声、ザシキワラシの足音

1　見えない花子とザシキワラシ

はじめに、妖怪が見える／見えないことと、ビジュアルイメージについて考えてみたい。

以前、『現代台湾鬼譚』(1)に書いたが、私が通っていた小学校には「三番目の花子さん」の噂があった。一九八〇年代前半、札幌近郊の小都市（千歳市）での話である。

内容はたわいないもので、女子トイレの奥から（手前からだったかな？）三番目の個室を、「さんばんめーの、はーなこさーん！」と言ってノックすると、なかから「はぁーい！」という返事があるという、ただそれだけの話。べつにノックした子が災難に遭うわけでもない。話というよりも、俗信と呼んだほうがいいかもしれない。

写真2　学校のトイレ（写真提供：PIXTA）

これも以前に書いたことだが、私の記憶のなかの「花子さん」は、主に、女子の間で伝承されていた。出没する場所が女子トイレだし、普段、個室を使わない男子にとっては縁がない話だった。妖怪とジェンダーの関係は見落とされがちな問題である。

後年、これが「トイレの花子さん」としてブームになるとは思いもよらなかった。常光徹によって発見された「学校の怪談[2]」と呼ばれる話群のなかでも、特に有名なものである。子ども向けの読み物として流通し、テレビアニメ化、実写映画化もされた。私が住んでいる台湾でも、特に若い世代を中心に知名度が高い。

人間の記憶は上書きされていくものなので、無名だったころの「花子さん」のことが忘れられがちになる。「花子さん」の場合、マスメディアによって流通した「赤い吊りスカートにオカッパ頭」の「トイレの花子さん」の印象が強すぎて、それ以前の「三番目の花子さん」の話がどのような内容だったのか覚えている人は少ないのではないだろうか[3]。

あらためて子どものころのことを思い出すと、私が聞いた「三番目の花子さん」は、姿を見せなかっただけでなく、ビジュアルイメージもなかった。姿を見せず、ノックの音と子どもの呼び声に応える「声」だけの怪、それが「三番目の花子さん」だった。いまとなっては確認するのは難しいが、「赤い吊りスカートにオカッパ頭」の「花子さん」は、一九九〇年代のブームの際のビジュアルが定着したものではないかと思う。

姿を見せずに声だけを響かせるのは、妖怪の一つのタイプでもある。姿を見せないというより、そもそも姿がないのかもしれないが。

例えば、呼べば応えるヤマビコ（山彦）やヤマオラビ（「おらぶ」は「叫ぶ」の方言）も、声だけの怪。山中に響くテングワライ（天狗笑い）に、アズキトギ（小豆とぎ）も声を発する。都市に目を転じると、江戸の本所七不思議の一つ、「おいてけ堀」も声の妖怪である。この堀で釣りをした人が釣果を魚籠に入れて持ち帰ろうとすると、背後の堀のほうから、「おいてけ〜、おいてけ〜」という声がするのだとか。同じく、本所七不思議の「狸囃子」も声の妖怪だが、声よりも笛太鼓などの楽器の音のほうが勝っている。厳密に考えるならば、声の妖怪と音の妖怪とは分けるべきかもしれない。

有名どころを並べてみたが、「三番目の花子さん」も、こうした声の妖怪の系譜に連なるモノだったといえる。もっとも、「姿を見せない」＝「ビジュアルイメージがない」というわけではないので、この点は注意しておきたい。

先にあげた例では、タヌキバヤシからは例のずんぐりとした動物が思い浮かぶし、テングワライには、「天狗」という語が入っている以上、姿は見せなくても、通俗的な天狗の姿――山伏姿の大男、赤ら顔に高い鼻、もしくは猛禽類の顔、葉団扇、高下駄……といった要素の集積によって形作られるビジュアルイメージが思い浮かぶ。アズキトギも、水木しげるの妖怪画（鳥山石燕の絵が元ネタ）の影響で、頭がはげた中年男を思い浮かべる人が多いのではないだろうか。(4) ヤマビコも水木や石燕がビジュアル化しているが、知名度はどれほどだろう。

姿を見せずとも、体験をした人、話をする人、聞く人には、それぞれ固有のビジュアルイメージがある、そういうケースも少なくない。

一方、見方を変えると、「花子さん」は、童形妖怪（子どもの姿の妖怪）の系譜に連なるモノともいえる。特定の場所（トイレ）に出る童形妖怪ということでいえば、ザシキワラシ（座敷童子）との関連が見いだせる。「赤い吊りスカートにオカッパ頭」というのも、通俗的なザシキワラシのイメージである「赤い着物にオカッパ頭」の現代版と見えなくもない。

しかし、そもそもザシキワラシにビジュアルはあったのだろうか。もしあったとしたら、どのようなものだったのだろうか。

この点について、佐々木喜善の『奥州のザシキワラシの話』(5) を例にして検討してみようと思う。一九一九年（大正八年）に、喜善自身が聞いた話をもとに書いたもので、収録された話は全部で五十四話。収められているのは、江戸末期から大正初期の、知名度が上がる前のザシキワラシの話である。冒頭に次のような一節がある。

> そのザシキワラシとはどんなものかと言えば、赤髪垂髪の、およそ五、六歳位の子供で、土地の豪農や由緒ある旧家の奥座敷などにおるものだということであった。そのものがおるうち

は家の富貴繁昌が続き、もしおらなくなると家運の傾く前兆だともいわれていたという。

少年時代の喜善は、ザシキワラシの話を「只の恐怖をもって聞いていた」が、成長するにつれて、「畏敬の念さえ払うようになった」という。「赤髪」というのはあまり聞かないが、「垂髪」「五、六歳位の子供」というのは、現在のザシキワラシのイメージに通じる。

一方、『奥州のザシキワラシの話』には、見えないザシキワラシの話も多い。話のなかで、怪異をもたらす主体としてザシキワラシの名をあげているものの、姿が描写されず、登場人物も見ていないという例である。

ざっと数えてみたところ、見えるザシキワラシの話が二十七話、見えない話が二十二話、見える人と見えない人がいるとする話が三話、不明が四話だった（総数が五十四話にならないのは、一話に二つのエピソードがある話があるため）。見える／見えないは半々ということになる。

とはいえ、先に述べたように、姿を見せない＝ビジュアルがない、とも言いきれない。怪異を体験した者のなかには、ザシキワラシの姿を見ていなくても、「オカッパ頭の子ども」のビジュアルを思い描いていることもあるだろうし、また、話を聞く側が勝手にそうしたビジュアルを思い描くこともあるだろう。

なお、登場人物が目撃していることからビジュアルがあると推察されるものの、具体的な描写がない話も三話ある（これらはビジュアルがある話に数えた）。また、足跡だけを残すザシキワラシの話もあり、これらはビジュアルがない話としたが、広義のビジュアルといえなくもない。そういうわけで、先の数字も概数であることを断っておく。

それでは、ビジュアルがある話のなかで、ザシキワラシはどのように描かれているのか。以下に見ていこう（カッコ内の数字は、原文に付いている話の通し番号）。

まず、現在のザシキワラシのビジュアルに近いものを列挙すると――「二人の童子」（二）、「赤い頭巾を被った赤顔のワラシ」（十）、「五、六歳くらいの一人の子供」（十六）、「赤顔垂髪の一人の童子」（二十）、「白い衣物を着た六、七歳の童子（略）かぶきり頭」（二十四）、「髪は黒くて長く切下げ、顔は赤く。素足のよう」（三十三）、「髪は短かくして下げた、河童に似た者」（三十七）、「ぼろぼろの襤褸を着たカブキレワラシ」（三十八）、「赤い顔」（四十）、「赤顔の散切頭」（四十三）、「四、五歳ほどの子供」（四十四）、「五、六歳位の皿子頭の童子」（四十六）、「きわめて美しい子供」（四十七）、「顔は赤くて短いムジリのようなものを着ておった」（四十九）、「色の黒っぽい二つ位と見える子供のようなもの」（五十一）……など。

「かぶきり」「カブキレ」は、オカッパ頭のこと。「垂髪」「皿子頭」も同様の意味だろう。ここで性別にふれていないことは注意が必要である。また、必ずしも衣類の色ではないが、赤という色が象徴的に話されている例が多い点も特徴である。

岩手方言の「ワラシ（童子）」は、何歳ごろまでを指すのだろうか。「十四、五歳の小僧」（十二）、「十四、五歳とも思われる一人のワラシ」（十五）、「赤い友禅の衣物を着た十七、八の娘」（三十六）などは、現在の私たちがイメージするザシキワラシよりはいくらか年上となっている。「立派な侍」（五）、「若い二人連の美しい女」（五十二）、「美しい娘ども二人」（五十三）などは、成人年齢に達しているとして間違いないと思う。「婆の怪物」(十五)という例もあり、これはザシキバッコと呼ばれている。いささか毛色が違うものでは、「色は黒く何だか獣みたい」(五十)というのもある。総じて、喜善が報告したザシキワラシはビジュアルが多彩である。

ちなみに、喜善の話をもとに編んだ柳田國男の『遠野物語』(6)には、ザシキワラシの話が二話あるが、片方は「十二、三ばかりの童児」で「男の児」、もう片方は「童女」「よき娘」とされている。『奥州のザシキワラシの話』のような多様性が見られないのはどうしたわけだろう。柳田が喜善の話を取捨選択したか、喜善自身がそのような話を選んだのか、いまとなっては判断のしようがない。

2 闇に這い回るもの

妖怪について考える際に注意したいのは、対象を、名称で分類するか、行動で分類するか、という点である。名称で分類するとまったく異なる妖怪になるものでも、行動パターンを見てみると共通する場合があるし、その逆もある。その一方で、行動によって名づけられたケースもあり、なかなか一筋縄ではいかない。

川野明正は、ザシキワラシを、東アジアの「運搬霊」の一種と位置づけている。「運搬霊(transportation spirits)」というのは川野の造語で、「富の運搬に関わる霊物」の意味。韓国のトケビや、中国の山魈もこのなかに入るという。(7)川野はふれていないが、欧米にも事例はあるのではないか。

写真3　旧家の座敷（写真提供：Shutterstock）

行動によって分類すると、共通点が見いだせるのである。[8]『奥州のザシキワラシの話』には、座敷の襖や長押から細長い手が出て、おいでおいでをするという話が二話あり、十三話では「細手長手」、十四話では「細手」と呼んでいる。座敷に出るという点、家運の盛衰と関連づけられる点など共通点は多い。実際、二十九話のように「めごい手」だけを見せるザシキワラシの例もある。しかし、「細手長手」「細手」を、ザシキワラシの一種に加えていいのかというと、いささか躊躇する。ただ、蔵に出るクラワラシ、クラボッコとなると、親類かなとも思う。このあたりの判断は難しい。

先に老婆の姿のザシキバッコの例を紹介したが、これを、ザシキワラシの仲間に入れていいものかどうかは、この話のなかで行動が記されていないので何ともいえない。ザシキワラシが年をとって婆さんになったのだろう……というのは冗談で、妖怪の世界では、童はいつまでたっても童、婆は最初から婆である。

次に紹介する老婆の妖怪（二十五話）は、家の人から「ザシキワラシ」と呼ばれていたようだし、実際、「這い回る」という行動パターンもほかのザシキワラシの話と共通する。内容は、次のようである（要約）。カッコ内は原文のまま。

栗橋村（現・釜石市）の清水の六兵衛という裕福な家での話。明治三十年ごろ、大洞犬松という男が訪ねてきて、この家に泊まった。ほかにも泊まり客がいたので、犬松は、奥座敷と表座敷のあいだに寝かせられた。薄暗いランプだけが灯っていた。

夜半、物音がするので、犬松が目を覚ますと、床の間のほうから、「坊主頭の丸顔の、小さな老婆」が這い出してきて、「低い声でけたけたと笑って」近寄ってくる。犬松が驚くと、老婆は部屋の隅に引き返していくが、しばらくすると、また這い寄ってくる。それが何度かくり返され、たまらなくなった犬松は、場所を変えて寝た。

翌朝、犬松が家の人にこの話をすると、家の人たちは笑って、「この家の座敷には昔から、ザシキワラシという物がいる」のだと話したという。(9)

主人公の大洞犬松から、直接、喜善が聞いた話(10)とのこと。当時、犬松は五十七、八歳で存命だった。喜善と同村の出身とのことで、もともと面識があったのかもしれない。

この話のザシキワラシは「坊主頭の丸顔の、小さな老婆」の姿をしている。坊主頭の老婆というのも妙な話だが、いくつかの伝承が混交しているのかもしれない。ただ、座敷を這い回るという行動は、ほかのザシキワラシの話にもある。

四十四話には、ザシキワラシの別名として「米搗《こめつき》ワラシ」（夜中に石臼で米をつく音を響かせる怪、

「ウスツキコ」ともいう）とともに、「ノタバリコ」をあげている。ノタバリコは「夜半に内土間から、茶の間あたりにかけて這って歩く」怪。「のたばる」は、岩手方言で「腹ばいになる」の意味である。老婆のザシキワラシと同類とみていい。闇夜に、ズズッ、ズズッと幽《かす》かな音を立てて座敷を這い回る怪である。

あらためて『奥州のザシキワラシの話』に載るザシキワラシの行動パターンを見てみると、闇夜に響く足音について言及したものが多いことに気づく（八、九、十六、三十二、三十五、四十一、四十八、五十、五十一話）。それらの話のザシキワラシは姿を見せずに、「とたとた」「つたつた」という擬音語で表現される足音だけを残している。『ザシキワラシの見えるとき』を書いた川島秀一も、ザシキワラシは姿が見えず、聴覚に訴える怪だと述べている。(11)

ザシキワラシには、見えるものと、見えないものの二種があることについては先に書いた。それでは、見えない場合、私たちはどこでザシキワラシを感じるのかというと、その答えの一つが聴覚である。昔の夜は、いまよりもずっと暗かった。暗闇のなか、研ぎ澄まされる聴覚で捉えられる幽かな、奇妙な音。それが体験者の経験則に照らして、ある条件を満たしたときにザシキワラシとして感知される。

その条件には個人差がある。性差、世代差、地域差などがあるだろうし、時代差もあるだろう。個人的な性格も関係するかもしれない。同じ人が同じ時期に体験したことでも、その日の気分によって違いがある場合も考えられる。闇夜に響く謎の足音の主を、家の人と捉えるか、泥棒と捉えるか、猫や鼠と捉えるか、ザシキワラシと捉えるか、幽霊と捉えるかは、そのときどきの瞬間の判断

（論理と情緒の狭間でなされる）によって決定される。

いずれにせよ、先ほどの話の場合、深夜という時間帯と、他人の家の座敷という場所が、ザシキワラシ感覚を発動させる条件だったことは間違いない。

足音以外に、聴覚を通して感知されるザシキワラシといえば、笛や太鼓などのにぎやかな音を響かせる例（二、二十七話）や、「ほい、ほい」という声を響かせる例（三十五話）、機織りの音を響かせる例（二十八話）、糸車をカラカラと回す音を響かせる例（二十九、三十話）などがある。四十七話はケンカをするような声を響かせる例だが、翌日、実際に死んだ童が発見されていて、何か裏事情がありそうな話になっている。

人間の感覚にはいくつかの分類法があるが、もっとも知られているのが、いわゆる五感（視覚、聴覚、触覚、嗅覚、味覚）であり、それらを感知する器官を五官（目、耳、肌、鼻、舌）という。「序」で述べたように、妖怪もこの五官によって感知される。

視覚と聴覚に基づくザシキワラシの例は見てきたとおりである。それでは、ほかの感覚についてはどうだろうか。味覚と嗅覚に訴えるザシキワラシの例は、『奥州のザシキワラシの話』にはなかった。ザシキワラシに限らず、味覚に訴える妖怪は少なく（まったくないわけではない）、嗅覚に訴える妖怪もそう多くはない。

一方で、触覚に訴えるザシキワラシの例は非常に多い。特に多いのが、布団の上に乗っかったり、体を揺すったりして、寝ている人をうならせるというものだ（一、四、七、十九話）。これらの話のザシキワラシには、姿を見せている場合もあり、触覚と視覚の合わせ技である。

この手のザシキワラシに遭ったとき、人はどんな気持ちになるだろう。例えば、一話では「毎晩、一人の童子が出て来て、布団の上を渡り、又は頭の上に跨って魘《うな》されたりするので、気味悪くかつうるさくて堪らなかった」とあり、四話では「何か判らないが、布団の上を渡り歩く者があって、とても寝付かれなかった」、十九話では「何物かがみしみしと足の方から踏上って来て、ぎゅうと体を押付けた。その苦しさと言ったら、呼吸も止まりそうであった」とある。いかにも、子どもがしそうないたずらだ。

これは現在でいうところの「金縛り」で、医学用語では「睡眠麻痺」というそうだ。私も二十歳前後のころ頻繁に体験したが、条件さえそろえば、ザシキワラシに遭ったと解釈しただろう。

これらの話では、精神的な恐怖感だけでなく、物理的(肉体的)な負荷もかかっている。一晩中、布団の上からおしくらまんじゅうをされたら、とても眠れたものではない。こんなことが続くと、確実に不眠症になる。

「眠れない座敷」の例に次のような話があるので(九話)、原文のまま引用する。文中の「私」というのは喜善のことである。

同じ家に、私の村の瀬川勘助という人の父親、ある時何か用があって行って泊ったことがある。奥と表との間の十畳ばかりの座敷に寝せられたが、夜半に奥座敷から、何かとたとたと歩いて来ると思うと、やにわに懐に冷たい手を入れられた。かねてこの家にはザシキワラシがいるということを聞いていたので、それだろうと思うと気味の悪いことおびただしい。そこで体を縮めて堅くなっておると、脇の下をくすぐったり、しまいには腹の方までも撫でたりして、全く始末に終えなかった。[12]

後半は省略したが、家の人もザシキワラシが出ることを知っていてこの部屋に泊めたらしい。客人に対して、「昨夜は逆夜這に来られて、面白いことをしたろう」と言って、からかっている。人が悪いが、これもまたザシキワラシ伝承の場だった。

夜中、布団に入ってきて、冷たい手で寝ている人の体をピタピタさわったり、くすぐったり、揺すったりするザシキワラシの話には十七、三十七、四十五話などがある。また、四十二話のザシキワラシは枕返しをしている。これらの話のザシキワラシの多くは、姿を見せていない。ただ、体験者の皮膚感覚にだけ、存在感を残している。

3 「聴覚優位の時代」の妖怪

ザシキワラシに関する資料は多いが、そのなかでも上質なのが高橋貞子『座敷わらしを見た人びと』[13]である。著者は一九二六年、岩手県下閉伊郡岩泉町の生まれ。岩泉町は遠野と隣接している。刊行されたのは二〇〇三年だが、収録されているのは戦前から戦後間もないころにかけての話が多い。喜善の『奥州のザシキワラシの話』よりも、少し後の話である。

写真4　遠野の曲がり屋（写真提供：PIXTA）

『座敷わらしを見た人びと』には、ザシキワラシを体験した人々の証言が七十三例、紹介されている。ざっと分類してみると、見えるザシキワラシの話が三十二話、見えないザシキワラシの話が二十八話、見える人と見えない人がいるとする話が三話で、不明が四話となる（総数が七十三話にならないのは、ザシキワラシが登場しない話もあるため）。見える／見えないの割合は半々で、喜善の『奥州のザシキワラシの話』のころと同じである。

一方、ザシキワラシを目（視覚）以外の感覚器のどこで感知したかという点に注目すると、若干の違いがある。『座敷わらしを見た人びと』には、聴覚で感知されたザシキワラシの話として「足音がする」が九話、「這う音がする」が二話、「刀の斬り合う音がする」「赤ん坊の泣き声がする」「唸り声がする」が各一話あるが、『奥州のザシキワラシの話』に比べて、事例にもバリエーションにも乏しい。

そのかわりに多いのが、触覚によってザシキワラシを感知した話である。「体を揺する」（七話）、「ふとんに乗る」（五話）、「くすぐる」（二話）、「頭をなでる」（一話）などはザシキワラシの行動の典型だが、十四話も報告されている「背中を起こす」という行動は『奥州のザシキワラシの話』にはない。ここでいう「背中を起こす」というのは、「寝ている人の背中を、直角になるまで起こす」ことで、往年のドリフターズのコントのようだが、それを夜中に何度も繰り返すのだ。なかには「畳ごと起こす」という荒っぽい例もある。そのなかから、一例（四十一話）を紹介する（原文のまま、後半省略）。

むかし、大上家の奥座敷に泊まった人が、真夜中に目を覚ましておどろいたそうです。自分は布団に寝たままのつもりでいたのに、ジャンと、座っているのです。自分から起き上がった覚えは、まったくありません。よく見ると、そのとき、枕も、布団も、タタミも、敷板もいっしょに、その人の背中が直角になるように床下から起こされていたのです。

その人が、「おや、おや」とおどろいていると、やがていっときとして、ぜんぶいっしょに、すうっと下に下がって、背中がもと通りになったそうです。

その人は、「やれ、やれ」と思いました。

「ザシキワラシだなあ。ま、眠るべえ」

と、安心したころ、また、床下から起こされて、ジャンと座らされてしまいました。

そのときも、自分の背中は直角に起こされていて、枕も布団も、タタミも、敷板もいっしょに直角になっていました。

また、いっときたったころ、すうっと下におろされて、もと通りになりましたが、「やれ、やれ」と安心したころ、また、背中を起こされてーー。なんと、明け方までこれのくり返しだったといいます。

むろん、ぐっすり眠ることなどできません。姿を見せないザシキワラシのいたずらでした。[14]

この座敷がある大上家の当主・武田博氏（一九三五年生まれ）が一九九六年に語った話だが、話している内容は、六〇年前後（昭和三十年代）に屋敷を改築する前のことらしい。

ほかの「背中を起こす」ザシキワラシの話も内容は似たり寄ったりで、当然ながら、これに遭った人はひと晩中眠れない。同書には、ザシキワラシに遭ったときの対処法として「ほうっておく」のがいいとする例が七つ紹介されているが、こんなに騒々しくてはほうってはおけないだろう。

ここから見えてくるのは、ザシキワラシに遭った人の身体である。ザシキワラシは、基本的に、体験者が寝ている（横になっている）ときに出る。「足裏をくすぐる」とか「ふとんに這いあがってくる」「枕元に座る」などの行動は、暗闇で視覚が制限されているなか、「横臥する身体」によって、研ぎ澄まされた聴覚と触覚によって感知される。

ザシキワラシをめぐる、見える／見えないの問題について、川島秀一は、オシラサマ（遠野地方の民俗神）と比較しながら、「ザシキワラシは常に目に見えないものであり、オシラサマのように神像や神体として視覚化されたものはない」と述べている。[15] 川島がいう「目に見えない」というのは、神像や神体のような、偶像をもたないことを指している。いわれてみれば、ザシキワラシ地蔵など、ありそうでない。

川島は、時代が下るにつれて、ザシキワラシが見えるようになっていったと指摘し、その理由をマーシャル・マクルーハンの「視覚優位」の社会という語を用いて説明している。マクルーハンの論[16]は難解なのだが、整理すると、このようになる。

人類の歴史を振り返ったとき、音声言語の時代、すなわち口承文化の時代が長く続いていた。これが聴覚優位の時代だった。

それが十五世紀に、グーテンベルクが活版印刷を発明し、人々が印刷された文字を手軽に入手できるようになると、文字言語の時代が到来した。ここでいう文字とは、活字を指す。これが視覚優位の時代で、マクルーハンは五官のバランスが崩れた時代だとした。

しかしながら、二十世紀になって、ラジオやテレビなどの電子メディアが登場すると、聴覚が復活し、五官が調和するのだという、一種、予言めいた説である。マクルーハンによると、こうしたメディアの変遷が、人の思考様式にも影響しているのだという。

この図式が妥当かどうか、妥当だったとして、世界的に見てどれほど普遍性をもつのかについては議論が尽きない。例えば、日本の江戸時代の印刷文化が、視覚優位の時代をもたらしたかというと、私はそうは思わない（第3章を参照）。ただ、そうした地域差はあるものの、私は大枠では、マクルーハンの図式は当を得ていると思う。

話を妖怪に戻す。聴覚優位の音声言語の時代、視覚優位の文字言語の時代、そして電子メディアの時代というメディアの変遷に合わせて、日本の妖怪伝承がどのように変遷していったのかを考えると（話され方、書かれ方、描かれ方……など）、いろいろ興味深い指摘[17]ができる。

例えば『奥州のザシキワラシの話』が書かれたのは一九一〇─二〇年ごろ（大正時代）だが、収録されている話でザシキワラシ体験をした人たちの多くは江戸時代の生まれで、音声言語＝聴覚優位の時代寄りの話といえる（ただし、話を記述した喜善は近代の文人であり、文字言語の時代の人だが）。

一方、『座敷わらしを見た人びと』に載るザシキワラシを体験したのは、近代以降に生まれた、どっぷり、文字言語＝視覚優位の時代に浸かっている人々である。

両者の間にどのような違いがあるかは、一見してわかりにくい。というのは、私たちが活字文化のただなかにいるからである。

想像してみよう。妖怪が、音声言語の文化で「見える」ことと、文字言語の文化で「見える」ことでは、どこが違うのだろう。

視覚優位の時代の、すなわち文字言語の文化に属する人にとって、妖怪が「見える」というのは、各種テクストに現れたザシキワラシを構成する個々の要素を行動面も含めて統合し、頭のなかでモザイク状に組み合わせて一つのイメージを形作ることである。それはむろん、必ずしも文字を通してというわけではない。文字言語によって作られた精神では、思考のパラダイムがそうなっているのだ。聴覚や触覚に関するザシキワラシの行動さえも、視覚のバイアスを通して読み取られる。

一方、聴覚優位の時代の、音声文化での「妖怪」は、五官を総動員して感知されるものだった。深夜に、横臥している身体に対して現れたザシキワラシは、主に、聴覚・触覚・視覚を中心にした全体として捉えられるのである。

では、文字言語以前の音声言語の文化と、文字言語以降の、電子メディア状況下での音声言語の文化との間で、妖怪が「見える」ことに違いはあるのだろうか。二十世紀の電子メディアが聴覚を復権させたといっても、まるっきり文字文化以前の状況に戻ったわけではない。

思うに、電子メディア状況下の音声文化は、グーテンベルク以降の文字文化の影響を受けたまま復権したのだ。だから、文字化された精神をもちながら、なおかつ五官を動員して対象と向き合う新たな身体で妖怪を捉えようとするのが、現代の妖怪体験者だといえるだろう。いまさら、しかも妖怪論にマクルーハンかと思われるかもしれないが、メディアと身体の関係を論じ、インターネット時代を予見していたといわれる彼の論考は、非常に示唆に富むものである。

何だか話が難しくなった。読んでいて眠くなった方はザシキワラシにでも起こしてもらって、次の章で無文字社会の妖怪について考えてみよう。

注

(1) 伊藤龍平／謝佳静『現代台湾鬼譚——海を渡った「学校の怪談」』青弓社、二〇一二年

(2) 中学校教員だった常光徹が、初めて学校の怪談に関する論考を発表したのは一九八六年(左記の「学校の世間話」)、調査対象となったのは八五年時点で中学一年生だった生徒たちで、ちょうど私と同学年になる。常光の論考が『学校の怪談』のタイトルでまとめられたのは九三年で、その後、九〇年代半ばから、映画、テレビドラマ、漫画、アニメなど、各種コンテンツで流行した。このあたりの経緯については、一柳廣孝編の左記著書に詳しい。常光徹「学校の世間話——中学生の妖怪伝承にみる異界的空間」「昔話伝説研究」第十二号、昔話伝説研究会、一九八六年、常光徹『学校の怪談——

口承文芸の展開と諸相』(Minerva 21世紀ライブラリー)、ミネルヴァ書房、一九九三年、一柳廣孝編著『「学校の怪談」はささやく』青弓社、二〇〇五年

(3) ブーム以前の「花子さん」(「三番目の花子さん」と呼ばれることが多い)伝承の様相については、前掲『学校の怪談』のほか、松谷みよ子『学校――笑いと怪談・子供たちの銃後・学童疎開・学徒動員』(「現代民話考」第二期第二巻)、立風書房、一九八七年)に記録がある。

(4) 私も一度、フィールドワークでアズキトギの話を聞いている。一九九六年八月一日に、福島県田村郡都路村(現・田村市)で、宗像福喜さん(一九一〇年生まれ)から聞いた話で、池にいる「女の人」や「男の人」が「♪小豆がらがら　豆がらがら　人とって食いましょう」と歌いながら、近づく者を引きずりこむのだとか。宗像さんが子どものころの体験というから、二〇年代、石燕や水木が描いたアズキトギのビジュアルが一般的ではなかったときのことである。國學院大學説話研究会、伊藤龍平編集『福島県田村郡都路村説話集』私家版、二〇一五年

(5) 佐々木喜善『奥州のザシキワラシの話』(炉辺叢書)、玄文社、一九二〇年。本文は、佐々木喜善『遠野のザシキワラシとオシラサマ』(中公文庫)、中央公論新社、二〇〇七年)によった。

(6) 柳田國男『遠野物語』私家版、一九一〇年

(7) 川野とは立場が異なるが、小松和彦も、ザシキワラシ伝承を通して、閉鎖された民俗社会での富の移動について論じている。小松和彦『憑霊信仰論』伝統と現代社、一九八二年、川野明正「東アジアの「運搬霊」信仰――日韓中の霊物信仰にみる特定家庭盛衰の伝承・ザシキワラシ・トッケビ・山魈・五通神・小神子・その他」「饕餮」第十二号、中国人文学会、二〇〇四年

(8) 例えば、第6章「台湾の妖怪「モシナ」の話」で述べるように、ザシキワラシの行動パターンの一つである「金縛り」は、台湾では、鬼《グエイ》やモシナ、ナーヤーのしわざとされ、沖縄ではキジムナーのせ

いとされてきた。「金縛り」を軸にした比較文化論も可能だろう。
(9) 前掲『奥州のザシキワラシの話』
(10) 紹介した事例で、話者＝体験者が、奥座敷と表座敷の間に寝かされている点に留意したい。ザシキワラシが、座敷のなかの特定の個所に出るとする伝承は多い。ザシキワラシを論じたものではないが、この点については板橋作美が言及している。板橋作美「俗信における怪異について——真ん中で不思議が起きる」、小松和彦編『日本妖怪学大全』所収、小学館、二〇〇三年
(11) 川島秀一『ザシキワラシの見えるとき——東北の神霊と語り』三弥井書店、一九九四年
(12) 前掲『奥州のザシキワラシの話』
(13) 高橋貞子『座敷わらしを見た人びと』岩田書院、二〇〇三年
(14) 同書
(15) 前掲『ザシキワラシの見えるとき』
(16) マーシャル・マクルーハン／クエンティン・フィオーレ『メディアはマッサージである——影響の目録』門林岳史訳、加藤賢策デザイン監修（河出文庫）、河出書房新社、二〇一五年。原著は一九六八年刊。
(17) 前に述べたが、インターネット時代の身体と妖怪については、前掲『ネットロア』で、ネットロア「くねくね」「八尺様」を例に論じた。ネット以前のメディアにもふれている。

第2章　文字なき郷の妖怪たち

1　烏来古老《ウーライ》聞き書き

私のお爺さんね、あれも日本時代の、私が小学校六年生のときだな。五年《(ママ)》のとき、お爺さんがこの山へ行ってね、仕事してたんだ。仕事して夜……夜じゃない、そろそろ暗くなるときに、私、この上でね、鋤おこしたんだ。そしたら、「坊や、お前、ここで待っててくれ」ってね、「私、牛番《うしばん》するから、すぐ帰ってくる、待っててくれ」と。

これ、ほんとのことよ。それで、あの場所、あの上にね、座って待っとったんだ。私も少し怖い。お化け来るかな、と考えている。(1)

ここは、台湾北部の烏来郷《ウーライ》。台北市内からバスで一時間ほど山中に入ったところにある温泉郷である。「ウライ」は、先住民族タイヤル族の言葉で「温泉」の意味。日本統治時代に「烏来《うらい》」という漢字があてられ、現在にいたっている。いまではずいぶんと便利になり、観光地化も進んだが、道が整備されていなかったころは秘境の趣があったという。亜熱帯とはいえ、標高が高いので、この季節（十二月）は朝晩冷え込む。

写真5　烏来郷の遠景（筆者撮影）

なまりは強いが、よく通る日本語で流暢に話してくれているのは、タイヤル族の簡福源さん（一九三一年生まれ、男性）、当時（二〇〇四年）七十三歳。タイヤル名はダリ・タヤス。日本名は山田正太郎という。烏来郷で郷長職を長く務めた名士である。

ひょんなことからダリ・タヤスさんと知り合いになった私は、この日、「不思議な世界を？考える会」の台湾調査旅行の案内役として、烏来を訪ねたのだった。十人あまりの日本人を前に、ダリ・タヤスさんは朗々と語り続ける。[2]

日本の植民地時代に、皇民化教育を受けた簡さんは、骨の髄まで「日本精神」が染み込んでいる一方で、先住民族としての誇りも強烈にもっている。[3] 普段から「山田正太郎と呼んでくれ」と言い、中国名の「簡福源」と呼ばれるのを嫌った。名前をどう表記するかは重要な問題なのだが、ここはタイヤル名のダリ・タヤスさんで通そうと思う。

それで話の続きである。待てど暮らせど、お爺さんは帰ってこない。心配になったダリ・タヤス少年が、山小屋まで迎えに行っても、誰もいない。お婆さんは「そのうち帰ってくるよ」とのんきだったが、お父さんは「お化けにつかまったのでは」と心配し始める。

一夜明けてもお爺さんは帰ってこなかった。

翌日、村の人が、畑にいるお爺さんを見つけた。さっそく、お父さんとダリ・タヤス少年がお爺さんを迎えに行ったが、どうも様子がおかしい。家に連れ戻されたお爺さんは火とお湯で体を温められて次第に元気を取り戻したのだが、どういうわけか口がきけなくなっていたのだ。

一大事である。それではどうしたか。ダリ・タヤスさんのお話を続ける。

写真6　ダリ・タヤスさん（筆者撮影）

目は見えるよ、手も動くよ、ごはんも食べるよ。（でも）話、言えない。そしたら、向こう座ってね。小さい刀あるね。あれを取って、この舌ね、「こうしてください」って意味だ。舌を出してね、私、舌を引っぱって、小刀でね、こう削ったんだ。もう二、三十回くらいね。こうしてね（舌を出して、両手で削るしぐさをする）、ゆっくり、ゆっくりして。

それであと、二日目。向こうはまだ、私行ったら、また、そういうふうにして、刀でこう。その晩、また来なさいって、話、話しない。手でこうやって（舌を削るしぐさ）。三回目のときは、「アウアウアウアウ……」、こんな声は出るけど、話、うまく通じない。

「アウアウアウ……」

四日目のときの朝ね、また、こうしなさいって。そうすると、昼間はもう話、言える。昼間のとき、

「お爺さん、あんた、どうしたの？」

「お化けにつかまれた」

「何？　お化け、あるかね」

「お前、何わかるか。ほんとうのお化けだよ。三名で。三名。ひとりはいちばん高い。そのあと第二、あと小さい。それ《（ママ）》ひとりは白髪、とってもね、フケがあの……とても厚いそうだ。髭、まっすぐ。とっても真っ黒でね。あの背の高い人、低い人、真ん中の人[4]」

以下、しゃべれるようになったお爺さんの証言。話によると、お爺さんは、三人組の「お化け」と、死闘を繰り広げたという。先に手を出したのは「お化け」のほうで、「殺そう、殺そう」と言いながら向かってきた。それに対して、お爺さんは、蕃刀《ばんとう》（先住民族が使用する刀。鉈ぐらいの大きさ）で立ち向かい、「お化け」の手を切り落とした。「お化け」たちは「あー、もう手を切られたから、帰ろう、帰ろう」と言って、去っていった。

ダリ・タヤスさんの語り口もあるが、殺意をもって向かってくる「お化け」たちの言葉が牧歌的なところが、いっそう怖い。この三人組の「お化け」は、襲いかかる前に、お爺さんを生きて帰すべきか殺すべきかを相談している。

説明されていないが、お爺さんが一時的に口をきけなくなったのは、「お化け」の呪力によるものなのだろう。そして、口がきけるようになったのも、タイヤル族の呪力による。おそらくは、こういう事態に陥ったときには、「小刀で舌を削る」(「削る」というより「こそぐ」という感じなのだろう)という習俗があったものと思われる。この小刀は、普段は籠細工などをするときに使うそうである。

この話は、日本の植民地時代のことだが、実は戦後にも、ダリ・タヤスさんの親戚(祖父の義兄弟)が、似たような体験をしている。

その人は、七月か八月の大雨のあとに、烏来の川に投げ網漁に行ったそうだ。ところが、それっきり一晩たっても帰ってこない。騒ぎになり、親戚一同で山中を探し回ると、川辺の大きな石のなかに首が挟まった状態で見つかった。生きてはいるものの、一人では脱出できない。そもそも、どうして、どうやってこんなところに入ったのか。家族総出で大石をどけて救出した。ところが、である。

それ、私のうちに連れてきてね、それで火あぶって、もう元気よ。もう座って、ごはん食べる。ところが、話、言えない。そっくり、さっき、私の言ったお爺さんとおんなじ。

やっぱり、これ（舌を削る動作）をやった。私の手で、これやった。うちのお父さんもね、もうやりなさいと。

あのときはもう、戦争終わったね。日本の人ももう帰った。おかしいねー、その先代のお爺さんと同じではないかと。だから、お化けってあるんですよ。お父さんなんか、よく言った。そのお化けね、やっぱり三名だそうだ。同じ三名。ひとりは高い、真ん中、それからひとりは低い。髭の人もいた。ひとりはいい。ひとりは悪い、真ん中は少ーしいい。で、「あ、この人、あんまり悪いことしてないから、もう帰らせなさい」

そう言ったそうだ。(5)

やはり三人組のお化けである。三人で相談して、捕らえた人を帰すかどうかを決めている点も同じだし（このあたりは、閻魔大王と似ている）、口をきけなくさせるのも、ナイフでそれに対処するのも同じである。

さて、ここで注意しなければならないのは、タイヤル族には、もともと文字がないということである。彼らは中国人ではない。台湾海峡を越えて漢民族が渡ってきたのは十五世紀後半といわれているが、タイヤル族をはじめとした先住民族たちは、それ以前から台湾島に住んでいた。そして、明朝時代も清朝時代も、タイヤル族の人たちは漢民族と深く交わることはなく、そのため中国語も解さず、文字とも無縁だった。

この話に続けて、ダリ・タヤスさんは、次のようなことを話している。先住民族を「山の人」と表現している。

字はない、話で言う。その話は死ぬまで覚えてるんだ。二十年三十年（前）のことを、どうしてあんたはわかるか、と言う。山の人、これが年寄りが残した歴史だと。だから、山の人、文章はない。話あって、字はないでしょう。話あるけど、字、書けないんだ。(6)

日本語教育を受けたダリ・タヤスさんの世代は、タイヤル史上、初めて文字を知った世代である。その父の世代も祖父の世代も、間違いなく文字を知らなかった。いや、日本統治時代の就学率の低さのことを考えれば、ダリ・タヤスさんの世代であっても、文字を知らない人のほうが多かったはずである。

2　言葉を奪うウトゥフ

実際、私が烏来で知り合ったキンキさん（中国名は謝金枝。二〇〇四年当時六十代）という女性は文字を知らなかった。かろうじて自分の名が読み書きできる程度である。しかし、それでいて話し言葉としては、タイヤル語、日本語、台湾語、北京語の四つを自在に使いこなすのである。

こうした事実をふまえなければ、「言葉が話せなくなる」状態の深刻さ、「（話し）言葉を奪う」

妖怪の、真の怖さを知ることはできない。文字がない以上、話ができなくなることは、コミュニケーションの手段をすべて失うことを意味するのである。

例えば、現在の聾者の場合、文字を書くことはできるし、手話というコミュニケーション手段がある。ところが、無文字社会では、文字という概念そのものがないので、意思を伝達することが不可能になる。なにより、相手も文字を知らないのだし。

ひるがえって、日本の場合を考えたとき、「言葉を奪う」妖怪の例が思い当たらない。恐怖のあまりに一時的に口がきけなくなるということはありうるだろうが、そういうものではないのである。思うに、言葉を奪う妖怪は、無文字社会で跳梁するのだろう。

ところで、先ほどの話では「お化け」と表現されていたが、タイヤル語では、「ウトゥフ」という。ダリ・タヤスさんによると、ウトゥフは人間と同じ姿をしていて、「話し（言葉）はちょっとまずい」ものの、人間の言葉（タイヤル語）を話すのだという。ただ、ウトゥフの言葉は「あんまりはっきり聞こえない」のだとか。

ウトゥフは姿形は人間と同じで、言葉も同じ。ただ、その言葉は「ちょっとまずい」「はっきり聞こえない」——このダリ・タヤスさんの説明は、日本の妖怪研究に親しんだ者なら納得しやすい。柳田國男が指摘しているように(7)、妖怪の言葉は人の言葉と少し違うとされているからだ。例えば、黄昏時《たそがれ》にすれ違った相手に「もしもし」と声をかけたのに「もし」と一言しか返されなかった場合、あるいは「誰だ」と問いかけたのに対して、「うわや」「あらや」「かわい」などと意味がわからない返事をした場合は、人の姿をしていても人ではない、正体は狐か狸か川獺である。あとで述べるように（第3章を参照）、日本での無文字社会ははるか昔までさかのぼらないと存在しなかったが、こうした事例を見ると、その名残は最近まであったようだ。

この日は、タイヤル族の「鳥占《とりうら》」の話もダリ・タヤスさんから聞いている。「シレ」という名の鳥の鳴き声による占いである。

（山道を歩いているとき）両側にね、小さい鳥、クルクルクルクル、歩いたの。あれ、「あんたを歓迎してるよ。獲物たくさんあるよ。はやく行きなさい」って。行ったら、必ず当たる。ピヨピヨピヨってこうやってね、道に、両側にいるから。こうしてね、上下歩いたらね、こりゃまるでダメだね。行ったら獲れない。鉄砲撃っても、獲れない。また逃げる。そういうことは、間違いない。うん、私たち山の人は、経験ある。

（略）

あれ（シレ鳥）がこっち側歩いて、ずっと百メートルくらいはね、よく鳴く。シシシシシって、とっても声がいい。左右にいっしょに歩いたらとってもいいんだ。

それがね、下から上へ、こうずれたらもうダメだ。ほんとよ。「あんた、行かないでいいよ」ってね。

まっすぐ行ったらね、いい。歓迎するね。「あー、いらっしゃい、いらっしゃい」って（笑）。行くと、必ず一、二頭当たるよ。

私もよく山狩りするからね、あの方面ならよーく知ってる。私はね、行って、こっちから向こうまで歩いたらね、だいたい一キロくらい歩いてあの鳥にあったらね、いい悪いはっきりして、悪かったら帰ってくる。それが、家内も言う、

「鉄砲かついで山に行って、どうして帰ってきた？」

「今日休む。今日休んで、明日行く」

って。

休んで、明日の朝行ったら、また、あの鳥だったら、一週間行かない。えぇ、何か事がある。(8)


文字化してしまうと、状況がわかりにくいかもしれない。要は、山歩きをしているときの進行方向と、シレ鳥の鳴き声との位置関係によって、当日の猟の成否、そればかりか運命をも占っているのである。「歩いた」というのは、シレ鳥が鳴きながら移動したことを指している。参考までに書くと、ダリ・タヤスさんの夫人もタイヤル族である。

人類学者・森丑之助（一八七七─一九二六）の『蕃族調査報告書』にも、タイヤルの鳥占についての記事がある。(9) 森の報告は、烏来郷を含む「大崁嵙渓方面」の調査によるもので、参考になる。以下、この報告を引用しながら話を進める。

この鳥の名を便宜上「シレ」と書き表したが、『蕃族調査報告書』には「シイレク」「シッシク」「シーレ」などさまざまな表記を用いている。この話を載せた「不思議な世界を？考える会会報」でも「シィレ」「シィリレ」「シィリ」など、表記が揺れている。そのいずれもが正しいようであり、正しくないようでもある。これを漢字で表記しようとするとさらに面倒なことになり、ある台湾で

刊行された伝説集では「siliq」とローマ字を用いている。[10]私の耳には「シィ・レ！」と「シィ」でいったん切ったあと感嘆符をつけて書くと原語の発音に近づくような気がするが、口語の忠実な表記など無理な話である。

シレ鳥は実在の鳥である。ダリ・タヤスさんは、「スズメより小さい」「ニシキドリのような鳥」で「食べるとおいしい」と話している。『蕃族調査報告書』には「内地の目白に似たる小鳥」とある。

この小鳥がなにゆえに鳥占に用いられるかというと、タイヤルの人々にとって霊鳥だからである。『蕃族調査報告書』には、「蕃人が占卜にシイレクを尊び其鳴声に依り、又は飛交し方の如何に依りて吉凶を卜すは、伝説にある天地開闢の際に於ける聖鳥なるを以てなり」とある。シレ鳥の伝説についてはバリエーションが多いが、大筋は、この鳥が巨石を動かしたことによって霊力が授けられたという内容である。

さて、『蕃族調査報告書』に載るタイヤル族の「鳥占」も、山中を行く人の進行方向と、鳴き声を発する鳥の位置関係に基づいておこなわれる。ダリ・タヤスさんのお話と同じである。以下に紹介する。図版と「　」内の言葉は『蕃族調査報告書』からの引用である。[11]

タイヤル族の「鳥占」は、「最上吉」から「大凶」まで八種類あるという。

例えば図2右は「ミッシュク・サージン」という鳴き方で「吉」である。原文を引用すると、「向て前方両側に、互違ひに鳥が鳴き居るものにして、其何れかの一側が先きに鳴き、次で之に応じて鳴くを云ふ。或は甲の側より乙の側に飛交して鳴くも前者と同様にして、これは普通の吉兆なり」とのこと。ダリ・タヤスさんの話で、「両側にね、小さい鳥、クルクルクルクルクル、歩いたの」とあるのは、おそらくこれではないかと思われる。

ちなみに、このあとで、再度、反対方向（図2右でいうと右側）から鳴き声がするのを「ミッシュク・チュガル」といい、やはり吉兆だそうである。

ただ、吉兆になるのは左右交互に鳴いたときで、「左右同位置の両側より殆ど同時に鳴き立」った場合は、「メーラウ」という「最大凶声」になるので、注意が必要とのことである。

先ほどの話のなかで、ダリ・タヤスさんは「上下歩いたらね、こりゃまるでダメだね」と話し、「下から上へ、こうずれたらもうダメだ」とも話しているが、『蕃族調査報告書』にはこれに相当するものが見当たらない。やや近いのは図2左の「ツンツン」という鳴き方で、「行路の前方の、左右何れかの片側に二箇所より鳴くもの」で、「蕃人の忌み嫌ふ凶なる鳴き方」だという。

しかし、「ツンツン」という鳴き方には時間差はないようなので、「道行く人の後方より鳴き立つ」、「スルー」という鳴き方のほうが近いようにも思える。これもまた凶兆とされる。

図2　鳥占
（出典：『蕃族調査報告書』〔台湾総督府、1920年〕から作成）

この耳のよさには、さすがに山岳民族だと思わせるものがある。私が山を歩いていたとして、「ミッシュク・サージン」「ミッシュク・チュガル」と「メーラウ」「ツンツン」「スルー」の違いを聞き分ける自信はない。

この鳥占の場合、シレ鳥のほうも移動している場合もあることに留意すべきだ。山歩きをする身体からは、前後左右の方向性が際立ってくる。樹上と足元にも注意を払わなければならないので、ここに上下という方向性も立ち上がってくる。

加えて、狩猟の最中で道なき山中を歩いていることも考慮しなければならない。道を歩いているとき、人の進む方向は前か後ろかに限定される。しかし、道がない場合は、進行すべき方向は、三六〇度に開かれる。その選択肢の多さが、タイヤルの鳥占の背景にある。「歩く」行為によって作り出される死角がある種の妖怪を生み出すことについては「序」で述べたとおりだが、それも道がある場合とない場合とに分けて考える必要があるだろう。「鳥占」の例は妖怪ではないが、タイヤル族の心象世界を知るよすがとして紹介してみた。(12)

3　魂のゆくえ

タイヤルの鳥占からは、聴覚優位の時代（マクルーハンの用語。第1章を参照）の文化の諸相が見えてくる。

無文字社会の文化の在りようについて論じたものに、川田順造の『無文字社会の歴史』と『口頭伝承論』(13)があり、口承文芸研究史に残る著作となっている。

川田は、西アフリカのモシ族（ブルキナファソを中心としたサバンナ地帯に居住）を例にして、無文字社会に生きる人々の思考方法が、文字社会に生きる人々のそれとは根本的に異なることを、主に歴史認識の面に注目して、丹念なフィールドワークによって描き出した。

私も川田の著作には啓発された一人だが、同時に、自分の論に援用させるのは難しいとも思っていた。というのも、川田がいう「無文字社会」の性質が、日本の口承文化の状況にそぐわないと思われるからである。

モシ族の無文字社会というのは、文字をもたないまま成熟した社会である。文字をもたないモシ族は、しかし、近代にいたって高度な文明生活を営んでいた。これを日本に置き換えるなら、明治初期まで無文字社会が続いた——つまり一般庶民から為政者にいたるまで、誰一人、文字を解するものがいなかったということになる。そのような時代を日本史上に探すならば、漢字が伝来した千七百年前までさかのぼらなければならない（漢字の伝来時期については諸説ある）。よく言われるように、前近代の日本の統治体制は、読み書きできる者が、一定数、地域にいることを前提として成り立っていたのである。(14)

無文字の文化を守り通していた台湾の先住民族は、北方のアイヌとともに、日本政府が初めて接した無文字文化だっただろう。そしてそれは、発見とともに崩壊していったのである。

ところで、タイヤルの人たちが恐れるウトゥフとは、どのようなものだろうか。

ダリ・タヤスさんは「お化け」と表現していたが、『蕃族調査報告書』の「オットフ」の項では「神」と訳されている。だが、同書の「人ノ生活スルハ体内ニ「オットフ」アレバナリ。「オットフ」ハ不滅ニシテ、人ノ死後ハ西方海（シロン）ヲ渡リテ「アトハン」ニ赴ク」という説明文を読むかぎり、「魂」「霊魂」などと訳すのが適当なようである。

興味を引かれるのは、人体を離れたウトゥフが行くという死後の世界「アトハン」（最近の研究では「ウトゥハン」と表記されることが多い）が、西の果ての海上他界とされている点である。海とは無縁の山中にすみ、仏教とも無関係な山岳民族タイヤルの他界観が、なぜ、仏教の西方浄土の他界観と通じるのだろうか。興味深いテーマである。

ここで問題となるのは、諸般の事情によってアトハンへ行けなかったウトゥフたちのことである。『蕃族調査報告書』には、「悪心ノ者ハ死後「アトハン」ニ赴クコトナク、遠キ所ニ閉ヂ込メラレテ其所ヨリ出ヅルコト能ハズ」とある。仏教でいうところの「地獄」に近い。同書で「ウトゥフ」が「神」と訳されていることは先に述べたが、それは無事、アトハンに行けたウトゥフのことだ。また、『蕃族調査報告書』には、こうも書かれている、「神タルコトヲ得ザル霊ハ、夜間来リテ人ノ咽喉ヲ塞グコトアリ」と。そのときの姿が「埋葬セラレタル時ノ服装」なのは、ダリ・タヤスさんも話していた。

いわゆる「金縛り」だろうか。夜中に来て「咽喉ヲ塞グ」という行動は、キリスト教の夢魔にも似て、悪意に満ちている。あるいは、先の話の「言葉を奪う」という行為のことを指しているのかもしれない。中華圏にも同様の怪はある。[15] アトハンへ行けずに夜ごと人界をさまようウトゥフは危険な存在なのである。

ダリ・タヤスさんからは、夢にまつわる話も二つ聞いている。一つは、死んだ人が夢に出てくる話、もう一つは、夢で見たことが現実に起こる、いわゆる「正夢」の話である。日本の例と似ているが、そのわかりやすさには危険が伴う。というのも、表面的な類似から、その奥にある心象世界まで似ていると判断してしまいがちだからである。

タイヤル族の人にとって、「夢ハ「アトハン」ニ在ス神ノ来リテ我等ニ示スモノ」(『蕃族調査報告書』)である。つまり、アトハン=他界(死後の世界)と、人々が生きる現世を結ぶものが「夢」なのである。これと同じ発想は日本にもあるが、他界観が異なる私たちの見る夢と、タイヤル族の人が見る夢とが、同じであるはずがない。

再度、『蕃族調査報告書』から、アトハンについて説明した個所を引用する。

> 彼等ノ神ト称スルハ、祖先ノ霊ニシテ常ニ「アトハン」ニ在リト信ズ。「アトハン」ハ西方ニシテ、大海(シロン=或ハ池)ノ彼岸ニアリ。其所ニ到ルニ橋アリ。祖霊ハ其橋ニ出デテ、新霊ノ到ルヲ待ツ。新霊到レバ先ヅ其手ヲ見テ血痕ノ有無ヲ検シ、血痕アルヲ見レバ、其手ヲ引キテ「アトハン」ニ誘導スレドモ、無キトキハ、其所ヨリ追ヒ還ス。追ハレタル者ハ大海ノ岸ニ戻リ、小屋ヲ掛ケテ寝ネ、斯クテ数十年ヲ費ヤシ、迂回シテ「アトハン」ニ赴クモノトス。彼等ノ馘首ヲ好ムハ、死後、直チニ「アトハン」ニ赴カントスレバナリ。[16]

かつて台湾の先住民族には、「出草(首狩り)」の習慣があった。[17] 一人前になった証しとして、文字どおり、道行く人の首を狩るのである。右の引用にあるように、首を狩ることが、死後、アトハンへいくための条件だった。斬首されるのは他部族の人間で、漢民族や日本人が被害に遭うことも多かった。斬った頭部は持ち帰り、丁重に祀って守り神とする。二十世紀初頭まであった習慣で、清朝政府も日本政府も対応に手を焼いた。しかし、司馬遼太郎も指摘しているように、どこか日本の武士の気質に通じるものがあったのも事実である。[18]

日本統治時代、山中で先住民族の管理をしていたのは警察官たちである。ある警察官が記した記事には、首狩りは「文明人から見れば許すべからざる罪悪であるが、蕃人は一種の道徳観念を以て神聖なものと考へ」ていて、「祖先の遺訓に依るものだと」信じられていること、「此の慣習の古い原因は志那人や日本人に対する敵愾心から来たものではなく、其は彼等民族の先天的のものであって、馬来《マレー》系統の民の固有の慣習であると云はれるのが正しいやうである」[19]と書かれている。

この警察官の筆づかいには、職務上の関心を逸脱した知的好奇心に加えて、異文化を理解しようという姿勢さえもうかがえる。背景にあるのは先住民族へのシンパシーだろう。ダリ・タヤスさんも日本人と先住民族は相性がいいと話していた。

先ほどの記事には、首狩りをしなければアトハンに行けなかったとある。どの宗教でも、他界(死後の世界)は、現世に生きる人の行動の規範となる。タイヤル族の場合は、首狩りとしてそれが現れていた。しかし、『蕃族調査報告書』から百年が過ぎたいま、タイヤル族の人の間で、アトハンを中心とした世界観を信じている人は少なくなっている。たとえ知識として知っていても、日々の生活の行動規範となっているわけではない。

もっとも、ダリ・タヤスさんの世代でも事態は同じだったかもしれない。ダリ・タヤスさんに信仰している神さまについて尋ねたところ、「イエス・キリストだ」との答えだった。戦後、西欧の宣教師による布教活動の結果、先住民族の多くはクリスチャンになった。それで戦前はというと、日本政府による同化教育のもと、アマテラスを祀っていた。すでに一世紀以上にわたって、タイヤル族の神は蹂躙され続けてきたのである。

ダリ・タヤスさんから話を聞いた翌日、ヨッカイさんという女性（一九二二年生まれ。中国名は簡金光、日本名は山下ヨシ子）からも、ウットフの話を聞いている。こちらは背が高くて太っているのと、背が低くて痩せているのとの二人組だった。やはり夜の山中に出て、人をさらうという。興味深いのは、ヨッカイさんはウトゥフを「お化け」と呼ぶ一方、「悪魔」とも呼んでいたことである。クリスチャンであるヨッカイさんは、ウトゥフをキリスト教の「悪魔」に置き換えていたようだ。

次に、ヨッカイさんの話を引用する。

（ウトゥフは）いまはいないんですよ、昔。

写真7　烏来郷の教会（筆者撮影）

――いつごろまで？――

二、三回だけ見てね。もう、見たことない。いまはね、悪魔とかアレ出てこないの。いまはね、神さま信じてる。天主教（キリスト教）とかね、みんな神さま信じてるから、拝拝（中国語で「拝む」こと）、毎日、お祈りしてるから、悪魔なんか来ない。[20]

キリストの力は強く、神もろともタイヤルの妖怪を駆逐してしまったようだ。神の存在が揺らぐと、妖怪の存在も揺らぐ。ここで、タイヤルの神の存在を揺るがせたのが文字だったことに留意したい。戦前、日本の神は教科書を通してタイヤルの里に降臨し、戦後、西欧の神は『聖書』を通して根づいた。文字が日本と西欧の神を普及させ、タイヤルの神を衰微させたのである。

この聞き取りのあと、しばらくしてダリ・タヤスさんは世を去った。強烈な日本人意識と台湾人意識、そして先住民族としての誇りをもったダリ・タヤスさんの魂は、いずこへと向かったのだろうか。

注

(1) 渡辺節子ほか「百物語in台湾 1 山の人の話」「不思議な世界を?考える会会報」第五十五号、不思議な世界を?考える会、二〇〇六年

(2) 聞き取りは、二〇〇四年十二月二十日、ダリ・タヤスさんの自宅でおこなった。今回、引用に際しては誤字を訂正し、改行個所を変えたところもある。

(3) 植民地統治下で、在地の台湾人を日本人化しようという試みは領台当初からなされていたが、一九三〇年代に始まった皇民化運動はそれをさらに推し進めたもので、精神面にも及んだ。この日の聞き取りでも、日本統治時代を懐かしむ話が多く聞かれた。なお、ダリ・タヤスさんは、烏来の高砂義勇

隊の慰霊碑建立にも尽力した（高砂義勇隊は、第二次世界大戦末期に結成された先住民族による志願兵。ただし、「志願」の実態については諸説ある）。

（4）前掲「百物語in台湾 1 山の人の話」

（5）同報告

（6）同報告

（7）前掲『妖怪談義』

（8）前掲「百物語in台湾 1 山の人の話」

（9）森丑之助『蕃族調査報告書』台湾総督府、一九二〇年

（10）游覇士／撓給赫『泰雅族的故事』晨星出版、二〇〇三年

（11）前掲『蕃族調査報告書』からの引用。ほかの図も同じ。

（12）日本でも、音の移動に関する妖怪の例に「シズカモチ」がある。夜分、遠方から餅をつく音が聞こえてきて、それが近づいてくると吉、遠のいていくと凶なのだという。かつての聴覚優位の時代の妖怪の名残といえそうである。平島吾一「シズカモチの話」「芳賀郡土俗研究会報」第一号、芳賀郡土俗研究会、一九二九年

（13）川田順造『無文字社会の歴史——西アフリカ・モシ族の事例を中心に』岩波書店、一九七六年、川田順造『口頭伝承論』河出書房新社、一九九二年

（14）同様の言説は各所でみられるが、代表として網野の著作をあげておく。左記著書は、もとは点字として発表されたものである（一九九一年に日本点字図書館から刊行された）。網野善彦『日本の歴史をよみなおす』（ちくま学芸文庫）、筑摩書房、二〇〇五年

（15）『聊斎志異』（蒲松齢、十八世紀）に載る話だが、前掲『現代台湾鬼譚』で紹介したように、現代台

湾の都市伝説にもあるモチーフである。

（16）前掲『蕃族調査報告書』

（17）金子えりかは、「儀礼的な暴力」である首狩りの風習は多くの民族で見られると述べたうえで、その発想の核心が「相手を殺して首を刎ねることにあるのではなく、入手した首級をその潜在力が顕現するよう儀礼的に取り扱うという点にある」こと、「首級は、儀礼的注視の焦点であり、共同体全体や個人の恩恵と結びつけられる」ことを指摘している。なお、首狩りの習俗については、最近、山田仁史による研究書が出た。金子えりか「歴史的な慣習としての首狩、そして、過去を克服する必要」、日本順益台湾原住民研究会編「台湾原住民研究」第四号、風響社、一九九九年、山田仁史『首狩の宗教民族学』筑摩書房、二〇一五年

（18）司馬遼太郎『台湾紀行』（朝日文芸文庫、「街道をゆく」第四十巻）、朝日新聞社、一九九七年

（19）日本統治時代、山間部の先住民族政策の一端を担ったのが日本人警察官だった。警察官たちは治安維持に努めるだけでなく、教員の役割も兼ねていて、さらには薬の提供などもしていた。先住民族にとって、当局の尖兵として煙たがられる存在だったが、私が聞いた話では親近感をもたれることもあったようだ。「蕃人の慣習首狩」「理蕃の友」創刊号、台湾総督府警務局理班課、一九三二年

（20）前掲「百物語in台湾 1 山の人の話」

第3章　「化物問答」の文字妖怪

1　「しろうるり」と「ふるやのもり」

とぼけた話が多い『徒然草』（吉田兼好、十四世紀）のなかでも、特に気に入っているのが第六十段、「しろうるり」の話である。要約すると、こんな話。

芋頭がたいそう好きな盛親僧都という人がいた。仏法の講義のときも、仏典を読むときも、つねに芋頭を食べている。師からもらった金銭もすべて芋頭に換えてしまい、病さえも芋頭を食べて治すという変わり者だった。

この盛親僧都が、ある法師に「しろうるり」というあだ名をつけた。ある人が、

「『しろうるり』って何ですか」

と問うと、盛親僧都はこう答えた。

「わしも知らんよ。そんなものがあるとするなら、その坊さんに似たものだろうさ」

飄々とした盛親僧都のキャラクターが面白い。このあとも、盛親僧都の破天荒な暮らしぶりに関するエピソードが記されているが、人々の尊敬を集める高徳の僧侶だったらしい。

野暮を承知でいうと、話のポイントは「しろうるり」という意味不明の名づけにある。「しろうるり」というからには「白いうるり」なのだろうが、「うるり」などという語は存在しない。ルイス・キャロルの詩「スナーク狩り」を思わせるナンセンス感覚である。

比喩とはAとBを類似点によって結び付けるものだが、この場合、例えの対象にあげられているものが実在しない。「ひょうたんのような顔」ならわかるが、「しろうるりのような顔」といわれても見当がつかない。(1) 言葉と物の非対応。しかしそれでいて、「しろうるり」と名づけられた法師の顔形が何となくわかる（ような気がする）のが、盛親僧都の言語感覚が優れている点である。注釈にも「白くのっぺりした顔の感じをこう言うか」(2) とある。

たしかに、「しろうるり」という語からはある種のイメージがわく。注釈にも「語感によるのであろう」(3) とある。耳にしたときの感覚に作用する、口承世界で生きる言葉といっていい。

『徒然草』が広く流布していくにつれて、「しろうるり」という言葉も意味不明のまま広まっていった。ついには「しろうるり」という語には秘伝があるのだと大真面目に説く説まで出る始末。(4) 滋澤龍彥は「物と名前とのあいだの相互依存関係」の危うさをこれ以上的確に示した話は知らないとしているが、(5) 文人の創作意欲をかきたてるのか、江戸時代には、「白うるり」(可笑、享保年間＝一七一六―三六年)という題の謡曲も作られている。

謡曲「白うるり」の内容は――丹後国で、吉田兼好はふわふわと宙に漂う白うるりの魂に会う。白うるりは天地開闢《かいびゃく》の神話を語ったのち、社の建立を懇願して消える。その夜、兼好の夢枕に白うるりが現れ、村の鎮守になることを約束する――。能として実演されたことはないそうだが(そういう謡曲を「番外曲」という)、「白うるりの魂」には興味を引かれる。実体がないモノの魂となると、幽霊の幽霊のようではないか。(6)

江戸の俳人たちも「しろうるり」を題に句を詠んでいる。(7) なかでも有名なのが、末吉道節(一六〇八―五四)の「もしあらば雪女もや白うるり」。この句の評判がよかったために「白うるりの道節」と呼ばれるようになった。「もしあらば」とある箇所から「しろうるり」に実体がないことが知られていたのがわかるし、「雪女」と対比させられて「しろうるり」が擬人化されているらしいのも面白い。実体がないものの擬人化は、前代未聞だろう。

擬人化と妖怪化は紙一重である。(8) 江戸の絵巻には「白うかり」なる妖怪が描かれている。全身真っ白の、人とも猿ともとれる容貌。下半身はすうっと幽霊のように消えている。草書体の「ろ」と「か」は似ているので、誤写から生まれた妖怪なのだろう。(9)

『画図百器徒然袋』(鳥山石燕、一七八四年)に載る「白容裔(しろうねり)」は「しろうるり」に由来する妖怪である。詞書にも「白うるりは徒然のならいなるよし。この白うねりはふるき布巾のばけたるものなれども、外にならいもやはべると、夢のうちにおもひぬ」とある。注によると、「容裔」は「風にしたがってなびくさまをいう[10]」とのこと。「うるり」から「うねり」という語が導き出されて、そこに漢語の「容裔」を当てたのだろう。「白容裔」の字面には、口承世界の「しろうるり」の生き生きとした語感はないが、かわりに、別種の視覚効果と面白みが生まれている。ものものしい名前で、龍のような凄みがある姿に描かれているのに、正体はただのボロ布なのだ。原話のノンシャランとした感じがよく出ている。

図3 「白容裔」
（出典：鳥山石燕『画図百器徒然袋』1784年〔国立国会図書館デジタルコレクション〕）

このように、意味と物との乖離──言葉の暴走は、ときとして妖怪を生む。[11] そして、言葉が制御できなくなるのにはいくつかのタイプがあるようだ。

例えば「古屋の漏り」という昔話がある。[12] 老夫婦の「古屋の漏り（あばら家の雨漏り）」という言葉を、妖怪の名と勘違いした狼と盗人の話である（この狼は人語を解する）。古びた家での会話。「何がいちばんおっかない？」と聞く婆に、爺は「いちばんおっかねぇのは、ふるやのもりだ」と答える。背景には、子がない老夫婦のためにユイ（村落の互助システム）として労働力を提供できず、朽ちていく家を修繕できないという切実な悩みがある。[13] たしかに「ふるやのもり」は怖いのだが、老夫婦が感じた怖さと、狼・盗人の感じた怖さは質が違う。

私にいわせると、「ふるやのもり」は「しろうるり」の縁戚である。「しろうるり」が妖怪シロウネリを生んだのなら、「ふるやのもり」も妖怪になってかまわない。実際、話のなかの狼と盗人にとって「ふるやのもり」は妖怪なのだし。

しかし、両者の間には一点、大きな違いがある。「しろうるり」という言葉に意味はないが、「ふるやのもり」には、ちゃんと意味があるのだ。ただ、その言葉の意味を、狼や盗人が理解していなかっただけである。これは狼や盗人が無知だったわけでなく、彼らの生活に無縁の言葉だから知らなかったのである。狼はもちろん、居所不定の盗人にとって、家の老朽化の問題は関心の外にあった。そしてその知識がない狼と盗人にとって、「ふるやのもり」は「しろうるり」と同様、意味がとれない音の連なりにすぎなかった。

その一方で、ある言葉を知っている／知らないということの間に、社会的な問題が潜んでいる場合もある。前置きが長くなったが、本章で考えたいのは、識字文化と妖怪の関連についてである。例として取り上げるのは、昔話「化物問答」の妖怪たちである。話を要約すると、だいたいこんな内容だ。

昔、あるところに、人の住んでいない寺があった。時おり、新しい住職が来るのだが、ことごとく妖怪に食われてしまうのだ。寺は荒れはて、村人も困っていた。

そこに、旅の僧侶が現れ、村人が止めるのもきかず、その寺に泊まった。

夜になると、妖怪たちが四体現れ、それぞれ「わしはトウヤノバズじゃ」「それがしはサイチクリンノイッソクケイ」「ナンチノリギョと申す」「ホクザンノビャッコなり」と、名のりを上げる（妖怪同士のあいさつの場合と、主人公に向けた謎かけの場合がある）。そして、妖怪たちを迎え入れた荒れ寺の主はテイテイコボウシと名のった。

僧侶がそれぞれの正体を言い当てると妖怪たちは消え失せ、二度と出ることはなかった。その後、僧侶はその寺の住職になり、村の人たちからも慕われたという。

妖怪たちが、東西南北からやってくるのが興味深い。テイテイコボウシと、ほかの四体の妖怪たちには上下関係があるように語られている例もあり、妖怪たちの世界の一端が垣間見られるのだが、話がそれるので、この点には深入りしない。

ギリシャ神話のオイディプスとスフィンクスを例に引くまでもなく、正体を言い当てることによって妖怪を退治するのは、古今東西、昔話や伝説、神話でよく見られるパターンである。わが国では、右に紹介した「化物問答」や「化物寺」「蟹問答」などの昔話にこのモチーフが見られる。[14]

さて、この妖怪たちの正体はおわかりだろうか。答えをいうと、トウヤノバズ＝東野の馬頭、サイチクリンノイッソクケイ＝西竹林の一足鶏、ナンチノリギョ＝南池の鯉魚、ホクザンノビャッコ＝北山の白狐、である。いずれも、動物たちが化けた姿であった。

妖怪たちの名と正体は、話によって、いろいろバリエーションがある。例えば、バコツ（馬骨）、ジンズ（人頭）、ケイサンゾク（鶏三足）、イチガンケイ（一目鶏）、ズハッケイ（頭八鶏）、コリ（古狸）、ヤカン（野干）、タイギョ（大魚）、ローエン（老猿）……など。「野干」というのはジャッカルのことで、日本では狐の意味にも転じた。

謎の妖怪たちは、漢字音を訓読みすることによって正体が明かされ、退治される。そのために、柳田國男は「文字尊重の時代の話」と評した。[15] たしかに、漢字の音訓を読み分けられなければ意味がわからない話なので、もとは知識人層の間で流通していたのだろう。[16]

この点について、小林幸夫は「近世期に歌浄瑠璃をうたい、ちょんがれ・軽口・更には謎々の芸をもって、民衆にわかりやすく説教を説いて諸国をまわった願人坊たちがこの話型の伝播者なのではないか[17]」と述べている。言われてみると、この話には職能のにおいがする。

また、禅と昔話の関連を説く堤邦彦は「昔話「化物寺」「蟹問答」の世界に、すたれた寺の妖魔を鎮圧して堂宇を再興した旅の修行僧（特に禅僧）の物語を垣間見ることができる」とし、「寺院開創譚の民談化[18]」だとしている。このあたりが「化物問答」の出自なのだろう。

2 「文字尊重の時代」の妖怪たち

「化物問答」という話は、江戸時代の文献資料にも類話がある。(19)よく知られているところでは、『曾呂利物語』(一六六三年)所収の「よろづのもの、年をへては、かならずばくる事」、『一休諸国物語』(一六七〇—七三年ごろ)所収の「化け物のこと」、『宿直草』(一六七七年)所収の「廃れし寺をとりたてし僧の事」などがある。三著ともほぼ同時期(江戸初期)に刊行されている。柳田がいう「文字尊重の時代」だったのだろう。

これらの話には、現在報告されている昔話「化物問答」と同じように、東西南北から現れる四体の妖怪と、荒れ寺の主である「椿木《ちんぼく》」という妖怪が出てくる。口承文芸と書承文芸との関連を考えるうえで興味深い話である。

ここでは、資料紹介の意味もかねて、従来、ふれられてこなかった『怪談深雪草』(一七八六年)所収の「廃院会妖」という話を紹介する。内容を要約すると、次のようになる。

飛脚の平六平衛が、八正寺という古寺で一夜を過ごそうとして、門を叩くと、筋骨隆々とした住僧が現れて内へ招き入れられた。
床につき、しばらくすると、扉を叩く音がして、「それがしは、東桃林《とうたんりん》の隻脚鶏《せききゃくけい》」と名乗りを上げる者が来る。平六平衛が内へ入れると、五色斑爛の衣を着て、赤い冠をかぶった者が入ってくる。

続いて、「乾道側《けんとうそく》の繋馬槿《けいばきん》」「西堤井《せいていせい》の朱鯰《しゅねん》」「南涯沢《なんかいたく》の知風木《ちふうぼく》」と名乗る者が現れる。四人の奇妙な来客たちは座敷で風雅な語らいをしていたが、やがて夜も更け、それぞれ床につく。

翌朝、平六平衛が目を覚ますと、誰もいない座敷に古びた賓頭盧《びんずる》の木像（本文には書かれていないが、これが主人の正体らしい）があるだけだった。

図4 「よろづのもの、年をへては、かならずばくる事」（『曾呂利物語』東京国立博物館所蔵）

図5 「廃れし寺をとりたてし僧の事」（『宿直草』）
（出典：高田衛編・校注『江戸怪談集』上〔岩波文庫〕、岩波書店、2002年）

異変を感じた平六平衛は、里へ下り、若者たちに加勢を頼んで、昨日の古寺へと戻る。[20]

主人公は「播西の神東郡」（現在の兵庫県姫路市と神河町）の飛脚、平六平衛（妙な名前だが、原文どおりである）。ほかの職業に比べて世間が広い飛脚が奇談の主人公に据えられるのはままあることで、私も、昔話「鍛冶屋の婆」を題材に論じたことがある。[21]

余談になるが、話の舞台となった八正寺は姫路市内に現存している。ただ、七世紀創建の古刹で、江戸時代には御旅所（祭礼のとき、神様が立ち寄る場所）に指定されている。とても妖怪が棲みつけるような荒れ寺ではなかったようだ。

このあと、妖怪たちの正体が露見する場面に続く。以下、原文を引用する。

それよりつく〳〵と名《な》をしあんしてみるに、「東桃林《とうたんりん》の隻脚鶏《せききやくけい》は、東《ひがし》の方《ほう》の桃林《もゝはやし》にすむ一本足《あし》の庭鳥《にはとり》ならん。又、乾道側《けんとうそく》の繋馬槿《けいばきん》は、定て乾《いぬい》の方《ほう》の道側《みちのそは》なる木槿《もくげ》なるべし。南涯沢《なんかいたく》の知風《ちふう》木《ほく》は、南池《みなみいけ》の川柳《やなぎ》ならん」と推量《すいりやう》して、わかき者ども、まづ東のもゝはやしにいたれば、一本足《あし》のにはとり居《ゐ》たり。其まゝたゝきころしける。[22]

こうして、平六平衛は次々と妖怪を退治していく（「西堤井の朱鯰」だけ正体が明かされていないが、原文のまま。これでは退治できていない。この妖怪はいまでも、どこかをさまよっているだろう）。それでは、平六平衛が、妖怪の正体に思いいたるまでの思考経路を考えてみよう。

まずは「トウタンリンノセキキャクケイ」という言葉を、格助詞「の」を挟んで、「トウタンリン」と「セキキャクケイ」に分けたのだろう。漢字音は二音節になることが多いので、これをさらに「トウ」「タン」「リン」と「セキ」「キャク」「ケイ」に分け、それぞれの音から該当する漢字を類推していく。「トウ」ならば「当」「党」「棟」「塔」「唐」……、「タン」ならば「短」「淡」「単」「丹」「胆」……、結構、選択肢は多い。その結果、「東桃林の隻脚鶏」すなわち「東のほうの桃林にすむ一本足の鶏」が正体として浮上した。[23]

漢字を想定して音を区切るというのは、漢字文化圏に身を置く者ならではの発想である。だが、それにしても、「トウタンリンノセキキャクケイ」を「東桃林の隻脚鶏」と読み替えるのは難しい。特に「桃」を「タン」とは、普通は読まない。ましてや「ケントウソクノケイバキン」「セイテイセイノシュネン」「ナンカイタクノチフウボク」となるとお手上げ、聞いただけでは皆目見当がつかない。私など、まっさきに妖怪に食われてしまうくちだ。

ただ、この話の場合、「東桃林《とうたんりん》の隻脚鶏《せききゃくけい》」と漢字にルビを振っていることから、読者に妖怪たちの正体がわかってしまっている。だから、主人公が正体を言い当てる場面も、トリックを知っているミステリーを読むようで、鼻白む思いがする。読者の興味をつなぎとめるのなら、最初は「トウタンリンノセキキャクケイ」と仮名表記すべきであった。

実際、『曾呂利物語』所収の「化物問答」の妖怪たちは、当初、「こんかのこねん」「けんやのはとう」「そんけいが三足」「こんざんのきうぼく」と仮名書きされている。正体はそれぞれ、「未申の方の河鯰」「戌亥の方の馬のかしら」「辰巳の方の三つ脚の蛙」「丑寅の方の古き朽木の伏したる」。注釈によると、未申＝坤で「坤家の小鯰」、戌亥＝乾で「乾谷の馬頭」、辰巳＝巽で「巽渓の三足」、丑寅＝艮で「艮山の朽木」となるらしい[24]が、それにしてもわかりにくい。

もっとも、『曾呂利物語』ではこの場面を挿絵にしてしまっているので、そちらを見ると妖怪たちの正体は丸わかりであり、せっかくの本文の工夫が台無しになっている。

ついでにいうと、『宿直草』でも『一休諸国物語』でも、妖怪たちは、初登場の時点で漢字＋ルビで表されていて、正体がわかってしまっている。

以上の指摘は現代の読書を想定しているが、前近代の読書状況を想定すると別の側面が見えてくる。つまり、文字を読めない層にとっての読書である。かつて文字を解せぬ者は、他人が朗読するのを聞いて本を読んでいた。[25] 目ではなく、耳で本を読む（聞く）のである。そうした人々にとって「トウタンリンノセキキャクケイ」は、謎の妖怪たりえたであろう。

以上は文字での例だが、「化物問答」の肝というべき漢字の音訓の問題は、口承の場ではどのように処理されているのだろうか。一つ例を紹介する。話者は吉田義守さん（一九二七年、福島県田村郡都路村〔現・田村市〕生まれ）。調査者は秋葉弘太郎で、翻字作業は私がおこなった。少々長いが、すべて紹介する。登場する妖怪は一体だけだ。

むかしむかし、古寺にお化けが出るっていう話。

そして、そのお化けは、何日かに一回くらいずつ「肉を食わせろ」って。「肉を食べなくちゃなんない」っていうんだね。

ほうしてニワトリを殺し、ウサギを殺してあげると、古寺に持ってくって。持ってかないと、村の娘をさらった、子どもをさらったって、たいへんだったらしいんだ。

それを退治してくれるっていうんで、お坊さんがそこに泊まり込むと、出てきたお化けが謎をかけるんだって。そして、

「お前は誰だ！」って言えば、その化け物は、

「サイチクリンノイッソッケー」って、こう言うんだ。

「サイチクリンノイッソッケー」って。

それがわかんないと、泊まり込んだお坊さんは食い殺されると。どんな高僧が現れても、みなそうして食べられたって。

困りきっていたらば、乞食みたいなお坊さんが来て、そして「おれが泊まり込んでみよう」って。そして泊まり込んだ。幸い、化け物が出てきた。そしてお坊さんが、

「お前は何者だ」って。

「サイチクリンノイッソッケー」って。

そしたら、坊さまは黙って考えて、

「お前はニワトリだな！」って言ったらば、とたんに化け物が、消え去ったんだって。

次の朝、「また、坊さんの骨を片づけに行かなんねぇか」って、屋敷の人たちが集まったら、坊さんがピンピンしてたって。聞いたらば、

「村の人、全部集めろ」って、「鉈・鎌を持って集めろ」って。

ほうして、鉈・鎌を持って集まったって。そしたらば、

「このお寺の西手にある竹藪を、かたっぱしから囲んで、竹を伐り倒せ」

って。そこに化け物がいんだって。で、

「その化け物の正体は、一本足のニワトリなんだ」って。だから、

「そのニワトリを退治しろ」って。

ほうして、みんなして取り囲んで竹藪伐っていたらば、一本足のニワトリいたんだと。ほう

して取り押さえて殺して処分してからっていうのは、お化け出なくなったって。
そしたらば、字そのままのとおり、漢字そのままのとおり、「サイチクリンノイッソッケー」って、その謎が解けねぇ人はみんな食べられたっていう話。[26]

3 妖怪と識字神話

私は、この話を翻字（文字化）するに際して、妖怪の名をカタカナ書きにした。漢字で書くと正体がすぐわかってしまうし、ひらがなで書くと日常の言葉のなかに埋もれてしまう。話者の吉田さんが「サイチクリンノイッソッケー」という語を発したときの言葉の異化効果（少し声のトーンを高くしている）を表すために、カタカナを用いたのである。耳慣れぬ外来語を表記するときにカタカナを用いるという習慣をふまえたものだ。

これは一般的に用いられている手法である。一例をあげると、水沢謙一『いきがポーンとさけた』[27]所収の話でも、「バイボクが下の、フルヘイジ」「裏山のイッソクイチガンケイ」「コスイのタイショウのフナゴロウ」と、妖怪たちの名がカタカナ書きされているのに対して、主人公の言葉は、「ほうしゃ、あててみよう。一番にきた、バイボクが下のフルヘイジは、梅の木の下にいる」と漢字交じりで表記されている。

書き言葉の場合（目で読む場合）、この手法を使えば、最初の謎かけと最後の謎ときをしやすい。

しかし、話し言葉の場合（耳で聞く場合）はどうだったろうか。

吉田さんは、謎ときの部分で「字そのままのとおり、漢字そのままのとおり」と説明しているが、「鶏」を「ケイ」と音読みするのは、子どもには難しい。いや、子どもでなくとも、柳田國男が想定したような「目に一丁字なき」（文字を知らない）前近代の聞き手には、とうてい、理解が及ばない話だった。そうした事情もあってか、話のあと、聞き手の秋葉弘太郎は、次のようにフォローをし（――は秋葉の発言）、話者の吉田さんもそれに応えている。

――全部、音読みにすると、「西」の「竹林」の「一つ足」の「鶏」って……――

うん。「西」の「竹」の「林」の「一本足の鶏」だって。それをその坊さまが、見破ったわけだ、その「サイチクリンノイッソッケー」って言ったから。それで、そのニワトリ退治してから、お化け出なくなったっていう話。そんな話、聞いたことあります。(28)

予備知識がなければ、「サイチクリンノイッソッケー」という言葉から何かを想像するのは難しい。主人公の僧侶は即座に「お前はニワトリだな！」と言ってのけているが、もしも子どもがこの話を聞いたとして、ことのいきさつを了解できるだろうか。

例えば絵本の場合なら、読み聞かせをする母親が、一字一字、丁寧に説明をするかもしれない。現代でも、児童文学の一部は文字を読めない者（＝幼児）を読者としている。その際に、媒介者として、文字テクストの読み聞かせをする者（＝親、教員など）が必要になる。

では、寝物語などの場合は、子どもにどうやって説明するのか。口承文芸には、そもそも文字テクストがない。教育システムの面から考えてみよう。

吉田さんが、どこからこの話を仕入れたのかはわからないが、仮に、両親か祖父母から聞いた話だとする。吉田さんが一九二七年生まれということを考えると、両親の世代は学校教育を受けていたので、「西」「竹」「林」「一」「足」「鶏」といった字の音訓ともに理解できたと思われる。吉田さんの子や孫の世代もこの話を理解できるだろう。しかし、吉田さんの祖父母の世代ならばどうだったろうか。

日本で学制が発布されたのは一八七二年。翌七三年に、最初の小学校（東京師範学校付属小学校、現・筑波大学付属小学校）が開校された。日本の近代初等教育の始まりである。それから数年で、現在とほぼ同数の二万四千校にのぼる小学校が開校したものの、就学率は低かった。七四年の時点で、男子四六パーセント、女子一七パーセントで、総計三二パーセント。九〇年でも、就学率は総計五〇パーセントほどである。[29] 学校教育がすべてではないが、幕末から明治初期、家庭教育で漢字の音訓を習う者はまれだっただろう。

こう書くと、次のような反論をされるかもしれない——江戸時代、日本の庶民の識字率は高かったはずだ、だから維新後の近代化がスムーズにできたのではないか、と。しかし、専門家の間では、この図式は「識字神話」として否定されている。[30] 第一に、江戸時代（近代も）に日本の識字率が他国に比べて高かったという根拠はない。[31] 第二に、識字率と近代化の間に因果関係はない。[32] これが、現在の識字研究の常識となっている。

八鍬友広の調査によると、たしかなデータがある十九世紀末時点での識字率は、鹿児島県（一八八九年）＝男子四五・二五パーセント、女子七・八五パーセント、全体二五・二八パーセント、岡山県（一八九三年）＝男子七四・三八パーセント、女子五一・二八パーセント、全体六三・三二パーセント、滋賀県（一八九九年）＝男子九三・一四パーセント、女子五〇・四一パーセント、全体＝七一・八八パーセントである（この三県以外は、信頼がおけるデータはない[33]）。

一見して、地域差・男女差が大きいことがわかる。岡山県と滋賀県の識字率は全体で六〇から七〇パーセント、十人中三、四人は文字が読めなかったことになるが、これを高いと見るか低いと見るか。目を引くのが、藩閥政治をリードしたはずの鹿児島県の識字率の低さである。男子でも五〇パーセント、女子にいたっては一〇パーセントにも満たず、全体でも識字率は二五パーセントである。明治中期、鹿児島県人の四人に三人は、文字が読めなかったのだ。斉藤泰雄は、諸状況を勘案したうえで、十九世紀末の日本の識字率を「最大で、男子で五〇～六〇パーセント、女子で三〇パーセント前後」と見積もっている[34]。全体では四〇から四五パーセントになるが、このあたりが妥当な線らしい。

しかも、この調査は自署率、つまり自分の名前が書けるか否かを唯一の判断基準としているが、これはかなり乱暴な理屈である。自分の名前だけは書けるが、ほかは何一つ文字を知らないという場合もありうるからだ。文字を駆使して社会を渡っていけた人は（これを「機能的識字」という）もっと少なかったはずである。実際、私が会ったタイヤル族の謝金枝さん（第2章を参照）は、自分の名前以外の文字はまったく解さなかった。

例えば、天才棋士として知られる阪田三吉（一八七〇―一九四六）は、生涯、「三」「吉」「馬」の三文字以外は知らなかった。名を書くときは、まず横棒を七本引き、そのあとに縦棒を三本引いて「三吉」と書いたのだという。阪田の少年時代、すでに学制は発布されていたが、丁稚奉公をしていた彼に小学校に通う余裕はなかった。[35] 阪田にとって、将棋の駒に書かれていた文字は、単なる記号にすぎなかったのである。「化物問答」が語られていた近代には、阪田のような人は珍しくはなかったはずだ。

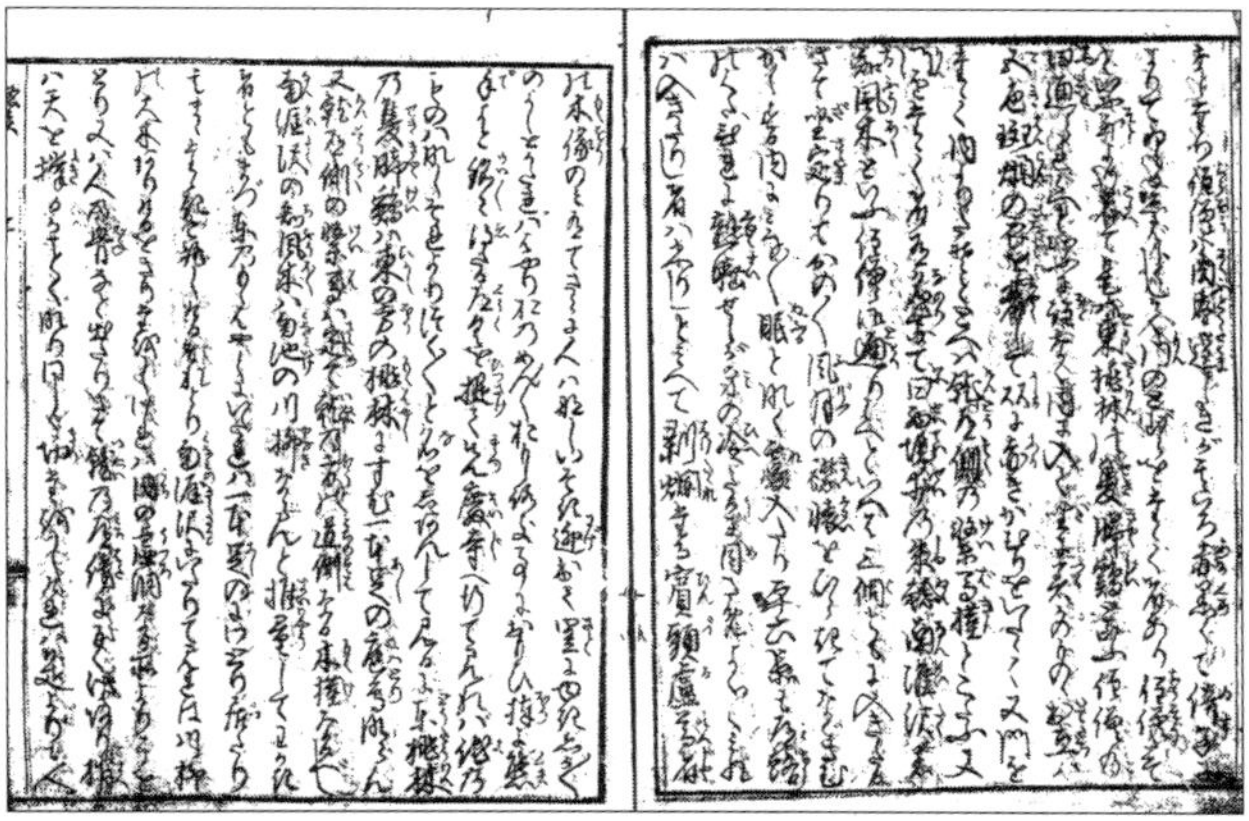

図6　『怪談深雪草』の影印。妖怪たちの正体が明かされ、退治される場面（国立国会図書館所蔵）

　それは、必ずしも地方／中央の問題でもない。地方にも文字文化に親しんだ者もいたし、中央でも文字文化と無縁の人もいた。その差は階層によるところが大きい。前近代・近代の文字文化が鹿の子まだらに広まっていたことは強調しておきたい。「化物問答」は、語り手や聞き手を選ぶ話型だった。[36]

　それでは、幕末から近代初頭の日本の識字状況をふまえたうえで、あらためて「化物問答」の内容を見ていこう。

　主人公は、村落共同体の外部から来た人間である。

彼は、高い識字能力をもっているがゆえに、この話の主人公たりえた。村上健太によると、昔話「化物問答」の主人公の大部分が僧侶だという。[37] 僧侶以外では、武士など、識字能力が高い層の人物が主人公に設定されている。

見方を変えると、「化物問答」で妖怪が妖怪たりえたのは、その土地の住人の識字率が低かったからである。地域の住人たちと主人公の間にある壁については理解しておかなければならないが、そうした二分法で割り切れるほど、ことは単純ではない。

一見したところ、「化物問答」という話のなかで文字を解するのは主人公だけのように思われる。しかし、妖怪を倒せないでいた村人たちが、まったく文字を解せなかったかというと、そうともいえない。というのも、彼らは僧侶の説明を聞いて、なるほど「サイチクリンノイッソクケイ」とは「西の竹林の一本足の鶏」のことか、と得心しているからである。彼らは、漢字音の連続では意味が取れなかったが、訓読みにされると、即座に理解できる程度の識字能力はあった。少なくとも、村長など指導者レベルの村人は理解できただろう。

一方で、いくら説明されても、妖怪が退治できた理由を理解できない村民もいた。文字と縁がなければ、「西」を「サイ」と読むか「ニシ」と読むかという前提さえ理解不能である。

これは要するに、識字能力の高低の問題なのである。[38] 主人公の僧侶の識字能力は、村人たちのそれよりは高かった。同じ僧侶でも、話の序盤に出てくる妖怪の正体を見破れずに殺された旅僧たちは、主人公に比べると識字能力が低かった。そして「化物問答」の語り手も聞き手も、文字を知る主人公の側の人間なのである。

識字能力の高低は、あくまでも社会的・政治的な問題である。決して個人の能力の問題ではない。人生のなかで文字を知る機会を与えられたか否かというだけのことである。したがって、それを人の評価の問題にすりかえてはいけない。文字を知っているからよくて、知らないから悪いということはない。かつて識字率の低さが貧困を生んでいるという言説が流行した時代があったが[39]（あるいは、いまでもそう信じている人もいるかもしれないが）、現在では、そうした考えは原因と結果を取り違えたものだとして否定されている。無文字文化と文字文化は違う、ただ、それだけの話である。

まとめると、「化物問答」という昔話には文字が内包されていて、そこに登場する妖怪たちは、無文字文化と文字文化のあわいに生まれたといえる。まったく文字がない社会にも、文字が行き渡った社会にも、生まれえない妖怪たちであり、話型であった。

そのように考えると、識字率が低い国や地域では、いまでもこの種の妖怪たちが跳梁しているのかもしれない。また、異文化折衝の際の言葉のすれ違いで、新たな妖怪が生まれているかもしれないのだ。

注

（1）実際、「しろうるり」は比喩表現研究の対象になっている。重松紀彦「「しろうるり」の言語理論的考察」「愛媛国文研究」第四号、愛媛国語国文学会、一九五五年、川野洋「しろうるり——並列分散表現としての比喩」、長野大学紀要編集委員会編「長野大学紀要」第十三巻第二・三号、長野大学、

一九九一年
(2) 佐竹昭広/久保田淳校注『方丈記 徒然草』(「新日本古典文学大系」第三十九巻)、岩波書店、一九八九年
(3) 神田秀夫/永積安明/安郎岡康作校注・訳『方丈記 徒然草 正法眼蔵随聞記 歎異抄』(「日本古典文学全集」第二十七巻)、小学館、一九七一年
(4) 川平敏文「古今伝授と徒然草の秘伝 徒然草の「しろうるり」――古今伝授の周辺」「文彩」第二号、熊本県立大学文学部、二〇〇六年
(5) 澁澤龍彥「オドラデク」『思考の紋章学』河出書房新社、一九七七年
(6) 伊海孝充は、本文を精読したうえで、「白うるりの魂」を「天地開闢の時に現れた根元神・天御中主神(もしくは国常立神)をもとに造型されたモノだと考えられる」としている。その理由について、根元神のなかで、天御中主神が「ほとんど脚光を浴びることもなく、社で祀られることもない、極めて観念的な神」であり、その「実体のなさ」が「しろうるり」に通じるからだとしている。伊海孝充「謡曲〈白うるり〉の成立背景――『徒然草』の秘伝・中世神道説・謡文化が交叉するところ」「能楽研究」第三十六号、法政大学能楽研究所、二〇一一年
(7)「しろうるり」が俳諧の題材になったのは、貞門俳諧の祖・松永貞徳に始まるという。あとで述べるが、「しろうるり」を妖怪化させた鳥山石燕も俳諧師と交流が深く、関連を見いだせる。伊海孝充は、前掲「謡曲〈白うるり〉の成立背景」で、井原西鶴作の「しろうるり」を詠み込んだ句を五句と、浮世草子『好色盛衰記』(一六八八年)の「目も鼻もなく、つつぺりとしたしたる顔なり。是ぞ『徒然草』に不埒なる、時代違いのしろうるりか」という一節を紹介している。夜這いをした女の形容だが、のっぺらぼうのようにも取れて面白い。

(8) 擬人化が妖怪を生むことについては、香川雅信に指摘がある。香川雅信「妖怪のせいなのね——『妖怪ウォッチ』のアルケオロジー」「子どもの文化」第四十七巻第八号、文民教育協会子どもの文化研究所、二〇一五年

(9)「白うかり」は、『ばけ物つくし帖』(江戸後期)に描かれた妖怪。のちに、松井文庫(熊本県八代市)所蔵の『百鬼夜行絵巻』(一八三二年)に転写された。湯本豪一『妖怪あつめ』角川書店、二〇〇二年

(10) 高田衛監修、稲田篤信/田中直日編『画図百鬼夜行』(国書刊行会、一九九二年)を参照。なお、従来の妖怪事典で見逃されていたのは、後半の「外にならいもやはべる(ほかにも何か由来があるのだろうか)」という部分である。シロウネリをボロ布の妖怪だと断定したうえで異説を述べるのは、元ネタとなった正体不明の「しろうるり」の特質を押さえたものか。

(11) 制御不能になった言葉が妖怪化した例に、「クダン(件)」「テンペン(天変)」「ナンジュウ(難獣)」をあげておく。クダンは江戸時代の高札の締めの言葉「仍《よ》って件《くだん》の如し」が妖怪化したもので、社会学の方面からも考察がある。テンペンは「天変地異」という語が妖怪化したもの、ナンジュウは「難渋する」という語が妖怪化したもの(難渋→難獣)だが、クダンほどの知名度はない。鳥山石燕の妖怪にも、言葉遊びをもとに創られたとおぼしいものが多い(「希有希現《けうけげん》」→「毛羽毛現《けうけげん》」など)。佐藤健二「クダンの誕生——話のイコノロジー・序説」、国立歴史民俗博物館編「国立歴史民俗博物館研究報告」第五十一号、国立歴史民俗博物館、一九九三年(のち、佐藤健二『流言蜚語——うわさ話を読みとく作法』有信堂高文社、一九九五年)、伊藤慎吾「ものとしての天変——『看聞日記』の一語彙の解釈をめぐって」、世間話研究会編「世間話研究」第十号、世間話研究会、二〇〇〇年

(12) 昔話「古屋の漏り」については、立石展大による中国との比較研究がある。インドの説話集『パン

チャタントラ』(二〇〇年ごろ)にも類話が見いだせる古い話型であった。立石展大「日中「古屋の漏り」の比較研究」「國學院大學大学院紀要文学研究科」第三十一号、國學院大學大学院、一九九九年(のち、立石展大『日中民間説話の比較研究』汲古書院、二〇一三年)

(13)吉沢和夫『民話の心と現代』白水社、一九九五年

(14)関敬吾編『日本昔話大成』(角川書店、一九七八—八〇年)では、謎かけのモチーフがある話型を「化物問答」、ないものを「化物寺」としている。一方、稲田浩二/小沢俊夫責任編集『日本昔話通観』(同朋舎、一九七七—九〇年)では「山寺の怪」という話型名で統一している。ただ、世界的に普遍なモチーフではあるが、妖怪が消滅する理由を「退治」と捉えるか「成仏」と捉えるかによって様相は異なってくる。本文では「退治」という表現を用いたが、仏教説話の色彩が強い「化物問答」の本質を考えると、「成仏」という語を用いたほうが適切かもしれない。仏教圏以外の例だが、アイヌの「小狼の神が自ら歌った謡「ホテナオ」」は、自分の素性を忘れ、人に化けてさまよっていた「炉縁魚」という魚が、正体を言い当てられたのち、海へと戻っていくという内容だが、これなどは、日本の「化物問答」に見られる仏教的「成仏」の発想に近いものといえる。知里幸恵編『アイヌ神謡集』(「炉辺叢書」第八巻)、郷土研究社、一九二三年

(15)柳田國男監修/日本放送協会編『日本昔話名彙』日本放送出版協会、一九四八年

(16)鈴木満は、漢籍にも同様の話型があることを指摘しているが、もとは中国産の話なのかもしれない。ただ、中国説話のほうでは、当然のことながら、漢字の音訓によって謎を解くというモチーフは存在しない。鈴木満「日本民話「化け物寺」の由来——中国の源泉と日本への流入」「武蔵大学人文学会雑誌」第四十巻第三号、武蔵大学人文学会、二〇〇九年

(17)小林幸夫「願人坊の話芸——〝化け物寺〟の昔話」「伝承文学研究」第四十九号、三弥井書店、一

九九九年（のち、小林幸夫『しげる言の葉――遊びごころの近世説話』〔三弥井選書〕、三弥井書店、二〇〇一年）

(18) 堤邦彦「青衣の得脱者――「雨月物語」「青頭巾」まで」「芸文研究」第六十五号、慶應義塾大学芸文学会、一九九四年（のち、堤邦彦『近世仏教説話の研究――唱導と文芸』翰林書房、一九九六年）

(19) 宮林奈央「「化け物寺」話型成立考」「清泉語文」第二号、清泉女子大学日本語日本文学会、二〇一〇年

(20) 伊藤龍平「翻刻『今古怪談 深雪草』」「澁谷近世」第二十号、國學院大學近世文学会、二〇一四年

(21) 伊藤龍平「昔話「鍛冶屋の婆」と語り手たちの〈世間〉」、昔話研究懇話会編「昔話――研究と資料」第三十一号、三弥井書店、二〇〇四年

(22) 前掲「翻刻『今古怪談 深雪草』」

(23) 江戸時代の鶏妖怪の様相については、伊藤龍平「一足鶏と鶏三足――畸形動物をめぐる伝承とその変容」（野村純一編『伝承文学研究の方法』所収、岩田書院、二〇〇五年〔のち、伊藤龍平『江戸幻獣博物誌――妖怪と未確認動物のはざまで』青弓社、二〇一〇年〕）を参照。一足鶏も三足鶏も本草書に記載され、見世物化されるなどして受容されていた。

(24) 高田衛編・校注『江戸怪談集』中（岩波文庫）、岩波書店、一九八九年

(25) 佐藤健二『読書空間の近代――方法としての柳田国男』弘文堂、一九八七年

(26) 前掲『福島県田村郡都路村説話集』

(27) 水沢謙一編『いきがポーンとさけた――越後の昔話』（日本の昔話）、未来社、一九五八年

(28) 前掲『福島県田村郡都路村説話集』

(29) 海後宗臣／仲新／寺崎昌男『教科書でみる近現代日本の教育』東京書籍、一九九九年（原著は、一

九六五年刊）、名倉英三郎編著『日本教育史』八千代出版、一九八四年

（30）かどやひでのり／あべやすし編『識字の社会言語学』生活書院、二〇一〇年、角知行『識字神話をよみとく――「識字率99％」の国・日本というイデオロギー』明石書店、二〇一二年

（31）鈴木理恵「江戸時代における識字の多様性」「史学研究」第二百九号、広島史学研究会、一九九五年

（32）近代に発達した諸産業は単純労働が多く、識字能力はさほど重要ではない。産業革命期には、むしろ識字能力は低下することに、森実が言及している。森実「リテラシー研究の動向と課題――認知能力論から権力関係論へ」、日本社会教育学会年報編集委員会編「日本の社会教育」第三十五号、東洋館出版社、一九九一年

（33）八鍬友広「19世紀末日本における識字率調査――滋賀、岡山、鹿児島県の調査を中心として」、新潟大学教育学部編「新潟大学教育学部紀要人文・社会科学編」第三十二巻第一号、新潟大学教育学部、一九九〇年、八鍬友広「滋賀県伊香郡における1898年の識字率」、新潟大学教育学部編「新潟大学教育学部紀要人文・社会科学編」第三十四巻第一号、新潟大学教育学部、一九九二年

（34）斉藤泰雄「識字能力・識字率の歴史的推移――日本の経験」、広島大学教育開発国際協力研究センター編「国際教育協力論集」第十五巻第一号、広島大学教育開発国際協力研究センター、二〇一二年

（35）阪田三吉の逸話について書いた本は多いが、そのなかでも、中村浩の著作は、著者が晩年の阪田本人に会っている点も含めて信憑性が高い。同書では、文字が読めない阪田のエピソードが多数紹介されている。中村浩『棋神・阪田三吉』講談社、一九八〇年

（36）実際、児童向けの本や絵本で「化物問答」を題材にしたものは少ない。昔話が本来、子ども向けのものでなかったのはよくいわれることだが、特に「化物問答」にはそれが当てはまる。ならば、吉田

さんは、どこから「化物問答」の話を仕入れたのかという問題が残るが、伝承は必ずしも縦軸（孫子・親子間）でおこなわれるものではないことが、この問題を解くヒントになるだろう。

(37) 村上健太「日本の昔話における寺──「山寺の怪」を中心に」、白百合女子大学児童文化研究センター研究プロジェクトチーム「日本昔話のイメージ1」、小澤俊夫編著『日本昔話のイメージ』（「白百合児童文化研究センター叢書」第一巻）所収、古今社、一九九八年

(38) 角知行は「リテラシーとは「あるか、ないか」と二価的に判断されるものではなく、諸技能からなる連続的なものとしてとらえるべきである」としている。文字社会／無文字社会について考える際に、注意しておきたい点である。角知行「「日本人の読み書き能力調査」(1948) の再検証」、天理大学編「天理大学学報」第五十六巻第二号、天理大学、二〇〇五年

(39) 前掲『識字の社会言語学』

第4章　口承妖怪ダンジュウロウ

1　話された妖怪

もう二十年も前の話になる。國學院大學大学院の演習のおり、野村純一は「世間話として話された妖怪」についても考えなければならないという旨の発言をした。[1]演習では、柳田國男の著作の輪読をおこなっていて、この日のテーマは『妖怪談義』（一九五六年）と『一目小僧その他』（一九三四年）だった。「話された」という断りは「書かれた」「描かれた」と対応する。要するに、口承文芸のなかでの妖怪にも注目すべきではないか、という提言である。

商業モデルとしても通用する希有な学問ジャンルである妖怪研究が、ビジュアル方面に偏りがちなことについては、小松和彦による指摘がある。小松によると、妖怪関連の本を出す際に、出版社から妖怪画の挿絵を入れるように要請されるとのこと。[2]

妖怪研究にとってビジュアルは重要である。[3] また、図像（絵画や絵巻など）や造形物（彫像や仮面など）を通して、口承とは無縁に伝承されている妖怪がいたことも事実である。それらのことをふまえたうえでも、二十年前の野村の提言に魅力を感じるのは、妖怪の（あるいは妖怪的なるものの）生成に際しては「話される／聞かれる」という行為が重要だと思うからである。

たとえ「書かれた」「描かれた」妖怪であっても、かつて「話された」痕跡は残っているはずである。また、口承の場を経ないで生成した妖怪たちであっても、世上の妖怪イメージへの接続という点で「話す」行為の残滓は見いだせるだろう。[4]

「妖怪が話される場」とは、メタ的にいうならば「妖怪が生まれる場」でもある。その「場」は時代、地域や年齢、性別、階層などによって異なる。この点が今後の妖怪研究、ひいては口承文芸研究のうえで必要な視点になってくると思われる。

この章では、口承文芸のなかの妖怪ダンジュウロウを例に、この点について考えたい。

写真8　タバコの葉のし（写真提供：PIXTA）

妖怪の話された場とは、例えば次のようなものだった。話し手は、福島県田村郡都路村（現・田村市）在住の石井キヨノさん（一九一四年、都路村生まれ）、聞き手は根岸英之、調査日は一九九六年八月二日である。話しているのは、大正末期の話の場の光景である。

あらかじめ解説すると、「タバコのし」とは、乾燥させたタバコの葉をのす（伸ばす）作業のこと。力がいらないので女性や老人、子どもの仕事とされていたが、単純作業なのでついウトウトする。そこで眠気覚ましにさまざまな話が語られた。タバコのしの場は、口頭伝承の場でもあったのだ。[5] 戦前のタバコのし作業は、囲炉裏端でおこなわれることが多かった。囲炉裏の火とランプだけが灯りだった時代の、山村の夜の会話。

——タバコのしのときに昔話を聞いたりとか、そういうことは……——

眠てぇから。夜十二時までもこうやってのしたから。眠てぇから、そういうような話、聞いてたんだ。そして笑ってた。夜中、みんなして眠てぇから。

——十二時くらいまでやってたんですか？——

十二時くらいまでのしたの。

——爺《じ》っちさんっていうのは、けっこういろんな話をしてくれたんですか？——

いろんな話、語って。で、居眠りしてても、寂しい話なんて語って、目ぇ覚ました。

——寂しい話っていうのは？——

寂しい話。首を取らっちゃような、二つ眼《まなこ》で……そんなこと語った。

――え？　首を取られたり？――

首でねぇ、目《め》。二つ目で見てるって。

――何が？――

化け物が。

――何ていう名前の化け物？――

梟《フクロウ》とかっていったな。梟の化け物。「泣くと梟が来るよ」って。

（略）

――その二つ目で見てるっていうのは、どういう……――

夜、表さ出っと、一生懸命これ〔タバコのし〕やってて、「おしっこだ、おしっこだ」って出っぺ？　そうすっと、「二つ目のダンジュウロウが見てっから、出るな」って。

ダンジュウロウ。嘘だべけんじょも、年寄りたち一生懸命こうして、子どもの時分に眠てぇわ、辛いわ、十二時までタバコのしすっと。すっと、そういう話で、目ぇ覚ましただ。(6)

――二つ目の……――

当時の便所は屋外にあったことを付記しておく。夜の戸外の危険性を子どもに教えるのも、大人の役目である。教育と妖怪とは、案外なじみやすい。

石井さんはダンジュウロウを「梟の妖怪」だとしている。古来、夜行性で、特異な風貌と鳴き声の梟には不吉な伝承が多い。文献をひもとけば、『本朝食鑑』（人見必大、一六九七年）には母鳥を食い殺すとあり、『本草記聞』（小野蘭山、一七六四年以降）にも屋根の上で鳴くと災いがあるとある。現在でも、東北地方には「フクロウの鳴きまねをして本物のフクロウに鳴き負かされるとその人は死ぬ」（福島県）、「フクロウは羽毛を抜いて火に見せる」（秋田県）といった俗信がある。[7] 梟が妖怪化するのもわからぬではない。

しかしながら、ほかの伝承のダンジュウロウは、二つ目ではなくて一つ目の場合もあり、必ずしも梟の妖怪とは言いきれない。一例をあげると、同じ田村郡の船引町（現・田村市）には、「一つ眼の団十郎」という人食い妖怪の話が伝えられている。話者の上遠野トミヨさんは一九〇九年生まれ。石井さんと同世代である。

> 向ぇ山さ木ぃ樵りさ行ったど。そうしたどごろが、一つ眼の団十郎どいうのが出できて。ほうして、いっぺえ木ぃ樵っていっとこに、ガァサ、ガァサど長い木を背負った、一つ眼の団十郎に行会って、ほうして、ひょいっと木の上さあげらっちぇ、団十郎に、ほれ、小屋のようなんさ、ガァサ、ガサガサど連れでがれっちまったただど。
>
> ほうで、ずない〔大きい：引用者注〕石の戸を開で、中さ入れられっちゃって、出るも入るもなんなぐなっちまったんだど。
>
> そしたら、それ、団十郎が先につかまえでだ人ごど、ほれ、尻穴がら、こういう長い串で突っ刺して、こんがりど焼いだのを、こもりこ、こもりこ食って、こういう大杯で酒を飲んで、赤い面して眠ったただど。

ガグゥン、ガグゥンと鼻ぐら（いびき）たって眠っただど。いやぁ、これには困ったじゅなぁ、なじょんしたらいいが。

おれも、こうりに食っちまぁれんだべど思って、それ、いだぁど。ところが、ほれ、その人が知恵があるもんだがら、団十郎が、ほの、よっぱら（一杯）、はぁ、食って眠って、うんと鼻ぐら寝でっとごろ、ずない鉈が側にあったじゅがら、その鉈で、首をバサッと切っただと。ほで、団十郎を殺して逃げで来たったど。

それ、一口話だげんも、そういう話もあった。ほうで、

「一つ眼の団十郎が出っつぉ」

なんて、よくゆわっちゃ。(8)

この話の「団十郎」は、目が強調される点と、主人公を樹上に引き上げる点は、梟の妖怪を連想させるが、具体的にどのような姿をしているかは不明である（挿絵では一つ目の大入道として描かれている）。ただ、「一口話」という語や、最後の「一つ眼の団十郎が出っつぉ」という一言から、この話の一つ目妖怪が、石井さんの話の梟妖怪と同じく、教育効果を予期した警句のなかに生きていたことがうかがえる。

石井さんと同じ日に話を聞いた渡辺ケサ子さん（一九二九年、常葉町生まれ）は「だんじろうは化け物の一種で、目玉がうんと大きくて、下のほうがすうーっとなくなっている」と説明している（当日の調査カードから）。渡辺さんの話のダンジュウロウは梟妖怪とは違うようだが、目は大きい。

口承文芸研究者の野村敬子は、福島県伊達郡で「ダンジュウロウ狸」の話を聞いている。(9)一九六四年、川俣町に行く途中のバスのなかで、隣り合わせた五十代くらいの男性から聞いたそうで、「月が出たと思って、外へ出てみると、大きな目をした狸がいた。べつに悪さはしなかったが、怖かった」という。地元の人たちに野村がこの話をしたところ一同がどっと笑ったというから、それなりの知名度はあったようだ。

化け狸の話で睾丸の大きさが強調されることはあるが、目の大きさが強調される例は珍しい。狸が月に化けるという話があるので、おそらくこの話はその変形なのだろう。

ともかくも、目玉が大きいのが妖怪ダンジュウロウの特徴らしい。人間を凝視する視線というのが、妖怪の原初的なあり方の一つなのである。(10)

2 ダンジュウロウと団十郎

渡辺ケサ子さんからは、次のような話も聞いている。聞き手は根岸英之。録音状態が悪くテープ起こしができなかったので、当日の調査カード（文責は根岸）から引用する。

嫁の家でぼた餅。子どもを背負って作っていたので、「あもだぞ　化けだぞ　だんじろうだぞ」とはやしていたのを、寝ていて聴く。ぼた餅を重箱にしょって帰るが、川を渡るとき「ぱ

く」と音を立てたので、ぶんなげる。「黒い口、白い口」と言って、それで馬鹿聟となる。(11)

福島県田村郡では「南山の馬鹿聟《むこ》」の笑話が伝承されていて、この地域の特色となっていた。全国的に報告例が多い、まぬけなお聟さんが失敗をするという内容の話である。聟が失敗をするのは嫁の実家でのことが多い。その際、嫁は聟の味方で、舅や姑（嫁から見れば、実の父母）の前で、聟が失敗するのを回避させようとする。なお、「南山」がどこなのか、そもそも実在する地名なのかという点については、話し手によって見解が異なる。

右の話の場合、内容は不明瞭だが、笑話「餅は化け物」として話されている。その名のとおり、主人公が、餅を化け物と勘違いするという内容で、要約すると――嫁の実家で、「♪あもだぞ　化けだぞ　だんじろうだぞ」（「あも」は、方言で「化け物」の意味）という子守唄を聞いた馬鹿聟が、帰り道に、土産に渡された重箱が開いたのを「だんじろう」にかみつかれたと思って驚く――というもの。

この調査から二十年後の二〇一四年七月二十五日、私はケサ子さんのお宅を再訪し、再度、話をうかがった（私自身は、ケサ子さんとは初対面）。しかし、そのとき聞いた「餅は化け物」には、ダンジュウロウは登場しなかった。かわりに、次に紹介する別の馬鹿聟話のなかの子守歌に、ダンジュウロウは出てくる。思うに、渡辺さんは頭のなかで南山話を話群として捉えていて、それらのなかで「あもだぞ　化けだぞ　だんじろうだぞ」というフレーズを自在に出し入れしているのではないだろうか。「話群」という概念が有効性をもつのは、こういった場合である。

なお、この妖怪の名前については、調査カードでは「だんじろう」と表記されているが、録音を聞くと、地の部分では「ダンジロウ」または「ダンジュロウ」、子守唄のフレーズのなかでは「ダンジュウロウ」と聞こえる。ここでは「ダンジュウロウ」に統一することにした。以下に引用するが、一部、昔話「半殺し本殺し」のモチーフが取り入れられている。やはり、タバコのしの場で語られていた話だ（――は伊藤の発言）。

嫁さまと聟さま……初聟と初嫁で行ったわけだべ、嫁さまげさ。
ほしたらばその、嫁さまの親が、やや〔赤ん坊〕負ぶって、ぼた餅ついて……つくもんだから、アレ。
――はい――
半殺しっていうか、半分アレしてついてただと。ほしたら、そのややが泣いただって。ほしたらばその、
♪あもだぞ　お化けだぞ　ダンジュウロウだぞー
って（笑）、その舅おっ母さまが、おはぎ作んのに、ややに子守唄歌いながらやったわけだべ？　ほいたら、
♪あもだぞ　お化けだぞ　ダンジュウロウだぞー
って言ったから、どんなおっかねぇもの食わせられんだ（笑）と思って、そのぼた餅見て、ほいで今度はその馬鹿聟はアレなんだべ？　「どんなもの食わせられんだか、おっかねぇ」と思

って、

「あもだかお化けだかわかんねぇものを、にし〔お前〕げぇさ行ったらば、食わせらっちゃだ」っていうわけで、嫁さまのこと、うんと怒っただって。

――「あもだぞ　化けだぞ」……？――

「化けだぞ　ダンジュウロウ化けだぞ」っていうわけで、子守唄を歌いながらほれ、ぼた餅ついてたわけだべ？　その婆《ば》っぱ。んじゃからその、南山の馬鹿聟は寝てて聞いてたわけだべ？「あもだか化けだかわかんねぇものを、にしげぇさ行ったら、食わせらっちゃ」だって。そいで嫁さまのこと、うんと怒っただって。にしげぇさ行ったら、「あもだか化けだかダンジュウロウ化けだかっちゅうものを食わせらっちゃ」だって。

――「あも」っていうのは何ですか？――

「あもだぞ　化けだぞ」……「化け物が来っぞ」っちゅうわけだべ？　んじゃから、「黙って寝ろよ」っていうわけで、子守唄に歌ったわけだべ？　その婆ちゃんが。

――「ダンジュウロウ」っていうのは、どんなものですか？――

「ダンジュウロウ」っちゃどんなもんだか（笑）、よく名前つけたもんなんだべ？　おっかねえもんに。「ひとつ眼のダンジュウロウだぞ」とかって。

昔はいろんな……そうやって、眠たくなっから飽きっから、いろんな話を語って聞かせながら、馬鹿にして〔騙して〕、タバコのしやらせらって、一枚ずつのしたもんだから。わかんねえべ？　タバコのしなんて。[12]

この章で、妖怪ダンジュウロウをカタカナ表記してきたのは、歌舞伎役者の市川団十郎と区別するためだが、率直に言って「ダンジュウロウ」すなわち「団十郎」だろう。つまり、歌舞伎役者・市川団十郎の妖怪化した姿が一連の妖怪ダンジュウロウだと思われる。

渡辺さんの話では、登場人物の「嫁さま」が歌う子守唄の文句のなかにダンジュウロウが出てくる。察するに、話のなかだけではなく、実際の生活でも、子守唄として歌われることもあったのだろう。ダンジュウロウは、歌謡のなかにもいた[13]。

ここで「ダンジュウロウ」という語が独り歩きして、得体が知れない何かになっている点に留意したい。私は「ダンジュウロウ」を歌舞伎役者・市川団十郎の妖怪化した姿だと考えているが、子守歌を歌う母親や、それを聞く子どもにその認識があったのかは疑問である。「しろうるり」（第3章を参照）がそうであったように、妖怪生成のパターンの一つに、意味の欠如と言葉の暴走があげられる。

「話された」と呼べるかはともかく、年中行事も妖怪の棲みかである。茨城県古河市には、コト八日（十二月八日）に「一つ目玉の団十郎」が来て、外へ出してある履物に判子を捺《お》していくという伝承がある。判子を捺された履物を履くと、足が重くなるといい、それで「一つ目玉の団十郎」が来ないように、籠を付けた竿を軒に立てかけておくという[14]。籠は目がたくさんあるので、一つ目妖怪がびっくりして逃げていくというわけだ。

コト八日と一つ目小僧をめぐる伝承は各地にあるが、そこにダンジュウロウが絡んできたわけである。茨城県と福島県は地理的に近く、同一の伝承圏を形作っているといえるだろう。古河のダンジュウロウは「だいまなぐ」（「大きな目」の意。同地域のコト八日の別名）という異名をもつ。目が強調されるのがダンジュウロウという妖怪の特徴だった。

名前をもつ狐狸貉《こりむじな》といえば、佐渡の「団三郎狸」（「団三郎狢」とも）の例がある。[15] 団三郎狸は、派手に人を化かす半面、困窮している人を助けるなどの善行も多く、神としても祀られている。江戸時代には錦絵にもなるなど、人気を博していた。映画『平成狸合戦ぽんぽこ』（監督：高畑勲、一九九四年公開）にも、化け狸界の大物として名があがっている（登場場面はない）。それに比べると、福島の「ダンジュウロウ狸」は影が薄い。

写真9　玩具「暫狐」
（出典：「日本採集」）

狸ではなく狐の例だが、埼玉県東松山市の箭弓稲荷神社には、通称「団十郎稲荷」こと穴宮稲荷がある。『葛の葉』や『狐忠信』などを演じるにあたり、七代目市川団十郎（一七九一―一八五九）が、狐の所作がうまくできるように祈願したのに由来するという。[16]

別の話になるが、東京都北区の王子稲荷神社には、九代目市川団十郎（一八三八―一九〇三）に由来する郷土玩具「暫狐《しばらくぎつね》」がある。これも社伝によれば、『暫』を演じる際に、団十郎が成功を祈願したことによるという。[17] 江戸時代の稲荷は農業神から商業神へと変貌し、さらには何でも屋的性格を帯びるようになっていた。

郷土玩具「暫狐」は、現在でもお土産として王子稲荷神社で販売されている。江戸時代以降の視覚化、キャラクター化された妖怪は玩具にもなじみやすかった。そして歌舞伎役者はキャラクターを演じる存在であり、ここに両者の接点があった。俗に「狐七化け狸は八化け」というが、舞台の上で七変化を見せる役者に、狐狸狢を想起する人も多かったのだろう。妖怪ダンジュウロウの目玉が強調されるのは、歌舞伎の隈取りからの連想ではないだろうか。ちなみに、隈取りを始めたのは、初代団十郎だといわれる。

3 「伝統」の発見と妖怪

昔話「田之久《たのきゅう》」は、旅芝居の役者・田之久が山中で化け物に遭った際、狸と間違われていろいろと扮装をして楽しませ、ついには難を逃れるという内容。人々の役者に対する感情がうかがえて興味深い。役者と狐狸狢、妖怪は近しい関係にあった。また、淡路島には、芝居好きの芝右衛門狸の話もある。団十郎の妖怪化（および狐狸狢化）にはそうした背景がある。「田能久」は落語化もしているが（あるいは、落語が昔話化したか）、もともと落語には「芝居噺」というジャンルもある。文字どおり、落語家が、歌舞伎の一場面を演じるのである。落語と昔話の縁は深いが、落語と歌舞伎の縁もまた深い。それを思えば、昔話と歌舞伎が結び付くのも不思議ではない。

福島には「団十郎閻魔」と呼ばれる昔話も伝えられている。藤田浩子による再話から内容を要約すると、以下のようになる。


芝居役者の団十郎が死んで、閻魔の裁きを受ける。閻魔が、団十郎の生前のおこないを鏡で見ると、山賊の姿だったり、美女の姿だったり、乞食の姿だったりする。閻魔が問いただすと、団十郎は自分は役者だと説明する。

閻魔は「それなら、ここで芝居をしてみせろ」と言うが、団十郎は「衣装がなければできない」と言う。それで、閻魔が自分の着ている服を貸すと、団十郎はこれ幸いと閻魔になりすまし、赤鬼・青鬼に命じて、本物の閻魔を地獄に追いやる。

以来、団十郎が閻魔さまとして、地獄の庁に居座っているという。(18)


編者の藤田浩子は、戦時中、福島県三春町に疎開していたときにこの話を聞いたという。三春町は、前出のダンジュウロウ話が伝承されていた都路村、船引町と同じ田村郡だった。

この話は、次のように締めくくられる。以下に、原文の引用。

それからというもの　あの閻魔の庁の　閻魔の椅子に座っているのは　団十郎閻魔であるからな　そして団十郎様っつうのは　大きな声では言えねぇけんど　福島出身の方であらっ（あ

る）から　おめぇがもし　閻魔の前に立ったれば　福島弁で
「おめぇさま　もしかして　団十郎でねぇがン」
と　こうささやいてみろ　ちいっとはほれ　大目に見てくれることがあっかもよ。(19)

興味深いのは、団十郎が「福島出身の方」とされていることだ。あとで述べるように、この点については、地方歌舞伎の存在を考えなければならない。

昔話「団十郎閻魔」は、絵本や語りの会など、さまざまな場所で広まりつつある。

絵本『しばいのすきなえんまさん』(20)もその一つで、「熊本県、山形県、石川県などに伝わるものを参考にした」とある。この絵本の「だんじゅうろう」は「しばいじょうずの　やくしゃ」で、「えらい　にんきで、「せんりょう、せんりょう！」「にっぽんいち！」って、こえが　かかるわ、ぜにが　とぶわで、その　なは　じごくの　そこまで　きこえて　いた」人物。閻魔と入れ替わったあと、だんじゅうろうが「かぶき　十八ばんは　かんじんちょう、べんけい　あたかの　せきのだん」を、「とん　とん　とんと、ろっぽう　ふんで」演じるくだりがあるが、その場面の絵では、隈取りをした「だんじゅうろう」が見えを切っている。

この絵本の末尾でも、「だからね、だんじゅうろうの　うまれたむらの　もんは、しんでから、みんな　ごくらくへ　いけるんだとさ」と締めくくっている。福島のどこかは特定されていないものの、ここでも強調されるのは、地域との密着性であった。

話のなかの「だんじゅうろう」は架空の人物だが、モデルになったのが市川団十郎であるのは疑

いない。それでは、語り手・聞き手が思い描いたのは、何代目の市川団十郎を指すのだろうか。興味を引かれる点である。(21)

「団十郎稲荷」の挿話で知られるのは、七代目市川団十郎。江戸末期の一八五九年（安政六年）に数え六十九歳で亡くなっている。一方、「暫狐」の由来となった九代目市川団十郎は、維新の動乱期を乗り越えて、一九〇三年（明治三十六年）に、六十六歳で死去。

藤田浩子が「団十郎閻魔」を聞いたのが戦前で、話者の「隣の畑の小父さん」(22)が子どものころに聞いた話である点を考えると、この話の「団十郎」はこのあたりになるだろう。

ちなみに、九代目の没後、「団十郎」の名跡は途絶え、復活するのは一九六二年（昭和三十七年）の十一代目の襲名を待たなければならない。実に五十九年の空位である。なお、十代目は死後に名跡を追贈されていて、生前は「団十郎」としての活動歴はなかった。

旅芝居との関連でいえば、一八四二年（天保十三年）に、七代目市川団十郎は、江戸十里四方処払いの処分を受けていて（天保の改革の奢侈禁止令に触れたのが原因だった）、以降、四九年

図7　7代目市川団十郎が、5代目市川海老蔵のときに弁慶を演じた際の浮世絵
（出典：「勧進帳」〔国立国会図書館デジタルコレクション〕）

（嘉永二年）に赦免されるまで、旅回りの舞台に立つことになる。また、九代目市川団十郎も、新たな歌舞伎を模索して取り組んだ演劇改良運動が失敗して多額の負債を抱え、地方巡業をしてその埋め合わせをしたとある。「団十郎閻魔」との関わりはともかくとして、七代目・九代目の団十郎の来歴を見ると、幕末から明治初期、地方在住者が団十郎の芝居を目にする機会は多かったことがわかる。

こうした旅役者が主人公である話が生成する背景には、江戸時代後期以降に盛んになった地方歌舞伎の文化があった。

福島県では、檜枝岐（南会津郡檜枝岐村）の歌舞伎が有名だが、妖怪ダンジュウロウや昔話「団十郎閻魔」が伝承されていた田村郡中田村（現・郡山市）には柳橋歌舞伎があった[23]。ともに由来は江戸時代にさかのぼる。旅芝居に影響を受けて発生したのだろう。

行商人や職人、民間宗教者といった来訪者たちが話を伝播させていたことについては、各所に例がある。旅芝居の役者たちもまた、話をたずさえて村々を訪れていた。『愧儗《こんがい》話録』（麟戯屈主人、一七六四年）は、歌舞伎役者が主人公の怪談集である[24]。全二十五話、登場する役者たちは有名無名さまざまだが、その多くが、地方興行中の話となっている。収録された話からは、江戸期の旅芝居の裏側が垣間見える。

そして、役者たちは怪談の話し手でもあった。『愧儗話録』の各話の冒頭は、すべて「○○（役者の名）云……」と書き起こされている。文芸上の技巧ではあるが、実際の話の場を反映したものだったと推察される。

ダンジュウロウ／団十郎が狐狸とのなじみ深いのは先に述べたとおりだが、『愧儗話録』にも、役者が旅先で狐狸狢に化かされる話がある。「中山来介、狸に逢し事」「大松百介、稲荷参詣の事」「市の川彦四郎、吉田十郎兵衛、役者成シ物語」などである。どの話も短くて粉飾が少なく、簡潔な文章でつづられている。役者たちの話し口が、そのまま採録されているように思われる。

これらの話の主人公兼話し手である中山来介、大松百介、市の川（市野川）彦四郎、吉田十郎兵衛らの役者たちは『愧儗話録』が成立した宝暦・明和年間の舞台に立っていて、実在が確認できる。(25)

田口章子によると、現代の歌舞伎の地方興行と異なり、江戸時代の旅興行は役者が経済的に逼迫した際におこなわれるものだったという。(26)旅回りの舞台は好評を博することが多かったが、お上の取り締まりにあったりして、環境はいいものではなかった。江戸期の歌舞伎役者の身分の低さについて、田口は、四代目団十郎の句「錦着て畳の上の乞食かな」を引いて説明している。

この状況は、明治初期まで続いた。後年の、伝統芸能化された歌舞伎とは別物の感がある。歌舞伎役者・市川団十郎が妖怪ダンジュウロウに転じたのは、江戸後期の、まだいかがわしさを残していた歌舞伎が公演されていたころである。伝統芸能化され、権威づけされたあとの歌舞伎からは、ダンジュウロウは生まれなかっただろう。

さてそれでは、「話された妖怪」の特徴はどこにあるのだろう。個性豊かな「書かれた妖怪」「描かれた妖怪」たちと比べて「話された妖怪」であるダンジュウロウの姿は「大きな目玉」という一点に単純化されていて、それ以外の容姿は判然としない。「書かれた妖怪」ならその個所を読み直すことは可能だし、「描かれた妖怪」なら、いやがおうにも全身像に目がいく。特徴が単純化されるのは口承妖怪の特徴である。いずれ、ダンジュウロウが書かれる／描かれるときがくるとしたら、それぞれのメディアの特性に合わせた容姿が与えられるだろう。それは行動パターンの変容にもつながる。

ダンジュウロウの大きな目玉には、妖怪体験者の身体が内包されている。闇夜に、ふと感じ取られる得体のしれないモノの視線——それが名辞以前のダンジュウロウであり、さらにいえば、原初的な妖怪の在りようの一つだった。

その「見られている」感覚に、歌舞伎役者・市川団十郎の名が与えられたとき、妖怪ダンジュウロウが生まれた——私はそう推察する。背景として、幕末から近代という時代性、福島という地域性と、江戸・東京との距離感があった[27]。

注

（1）一九九六年六月七日の「伝承文学研究・特論」での発言。この野村純一の発言については、伊藤龍平「晩年の語録——講義ノートから」（『口承文芸学への夢——野村純一先生追悼集』所収、野村純一先生追悼集刊行会、二〇〇八年）を参照。

（2）第二十九回日本口承文芸学会大会（二〇〇五年六月、同志社大学）での小松和彦の講演「フィールドで発想する怪異・妖怪研究——口承表象から絵画表象へ」での発言。

（3）香川雅信とアダム・カバットの論考は、後年「妖怪」という語で捉えられるモノのビジュアルが、近世文化のなかで育まれたことを示している。近世に生成し、近代に固定化されるという道筋は、本章で取り上げた昔話、歌舞伎、落語のカノン（古典）化の問題とも関わっている。アダム・カバット校注・編『江戸化物草紙』小学館、一九九九年、香川雅信『江戸の妖怪革命』河出書房新社、二〇〇五年

（4）伝承された妖怪がバックボーンになくても、通俗的な「妖怪イメージ」にのっとって、漫画やアニメ、ゲームなどで新たな「妖怪」が創作されていく。私は「伝承妖怪」と「創作妖怪」を分けて捉える必要があると考えているが、鳥山石燕などの江戸の妖怪画家の作のなかにも創作されたとおぼしい妖怪が多いほか、創作妖怪が伝承妖怪として話されている例もあるなど、事態は一筋縄ではいかない。通俗的な「妖怪」イメージの生成については、京極夏彦の発言が参考になる。前掲『妖怪の理 妖怪の檻』

（5）タバコのしの場は、福島県では有力な昔話伝承の場だった。福島県を代表する語り手の遠藤登志子も、タバコのしの場で昔話を伝え聞いたと証言している。吉沢和夫／藤田浩子編『遠藤登志子の語り――福島の民話』一声社、一九九五年

（6）前掲『福島県田村郡都路村説話集』

（7）引用は鈴木棠三『日本俗信辞典 動・植物編』（角川書店、一九八二年）による。善悪吉凶の両義性が、梟ほどはっきりした鳥は珍しい。梟の民俗については飯野徹雄の著作に詳しい。飯野徹雄『フクロウの文化誌――イメージの変貌』（中公新書）、中央公論社、一九九一年、飯野徹雄『フクロウの民俗誌』平凡社、一九九九年

（8）この話の主人公が樵夫である点に留意したい。口頭で高桑守史から聞いた話だが、山に住む人は、歩くときに高低があるため首を上下に（垂直に）移動させる。しかし、街中に出ると、人や物を見る

ために首を左右に（水平に）移動させるので、疲れるという。高桑はこの話を山仕事をする人から聞いたと話していた。この証言をふまえて話を読むと、樹上に潜む妖怪ダンジュウロウが、山歩きをする身体の所産であることがわかる。船引町教育委員会編『ふねひきのざっと昔』船引町教育委員会、一九八〇年

（9）二〇一五年七月九日に野村敬子氏宅で話を聞いた。

（10）武村政春は、ロジェ・カイヨワの論を引用しながら、水木しげるの描く妖怪が「「眼」という感覚器官を中心とした「見る」「見られる」そして「見せる」という所為を栄養分として成長」していくことを指摘している。在地伝承の妖怪の一部についても、同様のことがいえるだろう。武村政春「眼、三態の生命観――妖怪たちの眼差し」「ユリイカ」二〇〇五年九月号、青土社

（11）前掲『福島県田村郡都路村説話集』

（12）同書。本文でもふれたように、「あも」は方言で「化け物」の意味。「半殺し」は、あんこを半分つぶすこと、全部つぶすことを「本殺し」という。

（13）妖怪の居場所として、歌謡が歌われる場があることは、従来、指摘されることが少なかったように思う。今後の課題として提示しておきたい。

（14）立石尚之「イエと行事（二）――総和町上大野・諏訪家の春夏の行事」、茨城民俗学会編「茨城の民俗」第二十七号、茨城民俗学会、一九八八年、立石尚之「ことようかに訪れる神――茨城県のササガミサマ」「第57回日本民俗学会年会研究発表要旨集」日本民俗学会、一九九五年、立石尚之「富をもたらすもの災厄をもたらすもの――茨城県におけるコトヨウカの諸相」、地方史研究協議会編『茨城の歴史的環境と地域形成――地方史研究協議会第59回（茨城）大会成果論集』雄山閣、二〇〇九年、立石尚之「古河周辺のコトヨウカ――ササガミ習俗を中心として」、古河歴史博物館編「泉石――古

河歴史博物館紀要」第十一号、古河歴史博物館、二〇一四年
（15）名のある狐狸狢については、野村純一による指摘がある。野村純一「眷属列伝の意図」『日本の世間話』（東書選書）、東京書籍、一九九五年
（16）「箭弓稲荷神社」（〈http://www.yakyu-inari.jp/〉［二〇一五年十一月アクセス］）によると、毎年十月に團十郎稲荷祭（観月祭）がおこなわれている。
（17）斎藤良輔編『郷土玩具辞典』東京堂出版、一九七一年
（18）藤田浩子編著『化かす騙す』（「昔話に学ぶ「生きる知恵」」第一巻）、一声社、二〇〇六年
（19）同書
（20）渋谷勲文、松谷春男絵『しばいのすきなえんまさん』（幼児みんわ絵本）、ほるぷ出版、一九八六年
（21）以下、歌舞伎役者の事績については、野島寿三郎編『歌舞伎人名事典 新訂増補』（日外アソシエーツ、二〇〇二年）によった。
（22）ちなみに、八代目市川団十郎（一八二三—五四）の死絵《しにえ》（故人を追悼する絵）に、閻魔大王の鏡に映る団十郎の姿を描いたものがある。一八五四年（嘉永七年）に刷られたものだが、その三年前の舞台『舛鯉滝白旗』（一八五一年＝嘉永四年、通称『閻魔小兵衛』）に八代目団十郎が出演していて、そこからの連想だと思われる。かくのごとく、団十郎と閻魔は縁が深い。
（23）柳橋歌舞伎は、現在、郡山市指定重要無形民俗文化財となっている。柳橋歌舞伎保存会のウェブサイトには、「江戸時代、柳橋地区は天領で、他領に比べ領主の介入も年貢の取り立ても、比較的おだやかだったため、冬期間の楽しみとして芸事が盛んに行われた」のが始まりとある。「柳橋歌舞伎保存会」（http://yanagihashi-kabuki.jimbo.com）［二〇一五年十一月アクセス］（現在はリンク切れ）
（24）伊藤龍平「翻刻『傀儡話録』」、國學院大學近世文学会編「國學院大學近世文学会会報」第十号、國

學院大學近世文学会、二〇〇四年
(25)前掲『歌舞伎人名事典 新訂増補』
(26)田口章子『江戸時代の歌舞伎役者』雄山閣出版、一九九八年
(27)『百家琦行伝』(八島五岳編、一八三五年)によると、当時、「団十郎歯磨き」や「団十郎艾」といった商品があり、「其の名、異国の機婦にさへ聞えしものか、遠き国の嬰児まで團十郎とせよといへば、手を挙げ口をひらく事をなす」状況だったという。「異国」「遠き国」が具体的にどこを指すのかは不明だが、地方歌舞伎の盛んだった江戸時代末期の福島では、「団十郎」の名にそれなりの知名度があったのは間違いない。

第5章　狐は人を化かしたか

1　「迷わし神型」の妖狐譚

日が暮れたのち、山道を歩いていた人が、狐狸狢に化かされたがために目的地にたどり着けないといった内容の話は、口承文芸の調査をしていると無際限に聞けるもので、分布も全国的といって過言ではない。

だから、私が学生のころ、フィールドワークをしていて不調のときは「困ったときの狐化《きつばか》」といって、話の糸口に、「狐に化かされた話」を聞いていた。収集された量は相当なものになるはずだが、そのわりに、研究が進んでいないのはどうしたわけだろう[1]。察するに、報告例が多すぎて手のつけようがないというのが実情ではないだろうか。

今回、これらの妖狐譚を「迷わし神型」と名づけて取り上げることにした。[2]『今昔物語集』巻二十七の第四十二話「左京属邦利延《さきやうのさくわんくにのとしのぶ》、値迷神語《まどはしがみにあふこと》」にちなんだ命名である。

『今昔物語集』の話で、被害に遭ったのは邦利延という役人だった。道に迷っているさなか、お付きの者と「このあたりに迷わし神がいるのでしょう」「私もそう聞いている」という会話をしている。翌朝になって難を逃れたあと、利延は、土地の人に「迷わし神に憑かれて、おかしなところを歩かされた」と説明している。

そして、この話は「然レバ、迷《まど》ハシ神《がみ》ニ値《あひ》ヌルハ希有《けう》ノ事也。此《か》ク心ヲモ■カシ、道ヲモ違《たが》ヘテ謀《はか》ル也。狐ナドノ為《す》ルニヤ有ラム（そういうわけで、迷わし神に会うというのは珍しいことである。このように心を■かし、道を間違えさせるものである。狐などのしわざであろうか）」と、しめくくられる（「■」は欠字だが「誑《たぶら》かす」だと思われる[3]）。

ここからわかるのは、千年前、畿内地方にマドワシガミなるモノがいたこと。それに遭うのは珍しいことだが、その名を言えばみなが納得するだけの知名度があり、また、信じられていたこと。正体は狐ではないかと思われていたこと……などである。特に正体を狐とする説は、妖怪研究家にとっては示唆的である。

人を化かす動物の代表格といえば、狐、狸、狢《むじな》、鼬《いたち》、川獺《かわうそ》、猫あたりである。おおむね、小型の肉食哺乳類が人を化かす。大型獣や草食獣が人を化かした例もあることはあるが、少ない。魚類や爬虫類（主に蛇）も、年を経て巨大化すると（いわゆるヌシ化すると）化かすが、通常は化かさない。鳥類も化かさないが、山鳥は火の玉に化けることがある。

なかでも、狐、狸、狢は「狐狸狢《こりむじな》」と総称されるようによく人を化かす。問題は、狐狸狢が化かす際、一つ目小僧やろくろ首などの妖怪に化けたケースの扱いにある。この場合、妖怪の正体である狐狸狢自体を妖怪に含めるべきか否か、狐狸狢が化けたモノを妖怪と呼ぶべきか否か、という問題が生じる。(4)

私は、動物と妖怪の両面をもつこれらの動物たちを「幻獣」と呼んでいる。(5)とはいえ、当時の人々の間でも、ただの「動物としての狐狸狢」が「幻獣としての狐狸狢」とは別にあり、さらにいえば「妖怪としての狐狸狢」もあったはずだ。三者の境界線は非常に淡く、重なり合う部分も多い。区別していない場合もあると思われる。「動物」「幻獣」「妖怪」はグラデーションの様相を呈している。そこが妖狐譚を扱ううえでの難しさであり、面白さである。(6)

最初に述べたように、狐が人を化かし、道に迷わせる話は非常に多い。しかし、それらの「迷わし神型」妖狐譚で、実際に、話のなかに狐が現れることは少ない。事実としてあるのは、道に迷ったということだけで、狐は、話し手・聞き手の解釈のなかで、名前だけが出てくるのである。先の『今昔物語集』の話でも、「迷わし神」も「狐」も、話の末尾の解釈の部分（伝承文学研究では「話《わ》末《まつ》評語」あるいは「説話評論」という）でふれているだけである。

ここでいう「解釈」とは、現在の自分が置かれた状況（山中彷徨）を結果と見なし、それ以前に、原因になる出来事（狐のいたずら）を想定することによって、因果関係を成立させ、不可解な現状を理解し、活路を見いだそうという営みである。そのとき狐狸狢は解釈するための装置として機能していた。解釈装置としての狐狸狢である。(7)

写真10　山道（写真提供：PIXTA）

　飯島吉晴は、解釈装置としての狐狸狢を「此の世の論理で説明できない現象や、日常的な論理や秩序を逸脱し、文化のもつ分類体系の中に納まりきらないものを表現するのにつかわれる」[8]と説明している。狐狸狢のしわざだと解釈されたからといって現状が打破されるわけではないが、正体不明の怪異よりはいくらか安心するし、対処法も考えられる。

　原因不明の事象に狐狸狢以外の解釈装置が用いられることもある。以前、東北地方でフィールドワークをしたとき、老人の怪死事件を「迷わし神型」妖狐譚として話す方に会ったことがある。そのとき、私と一緒に話を聞いた研究会の会員は「心臓麻痺でも起きたんですかねぇ」と合いの手を入れていた。「怪死」という事実に対して、原因を「狐」とするか「心臓麻痺」とするかによって、話の相貌はよほど異なってくる。

　しかし、解釈装置といっても、不可解な現象のすべてが狐狸狢によって説明されるわけではない。具体的にいうと、「夜間の山中彷徨」「手荷物の紛失」「怪光（狐火など）」「怪音（腹鼓など）」……などが狐狸狢のせいにされる。

もちろん、怪光は天狗や人魂のせいとされることもあるし、現代ならばＵＦＯと見なされることもある（ＵＦＯは現代の伝承である）。怪音も音の質によっては天狗その他の妖怪（アズキトギなど）のしわざと解釈されることもあるし、屋内ならば家鳴《やな》り、現在のオカルティストならラップ音と解釈されることもあるだろう。かように、一つの現象に対して複数の解釈装置が用いられる場合もあるが、それでも、絶対にこの状況で起こった現象にこの解釈装置は用いられないといった例もあり、そこに思考様式の伝承が認められる。(9)

同じ現象（山中彷徨）を、同じ解釈装置（狐狸狢）で解釈すれば、話が似てくるのは当然である。「迷わし神」型の妖狐譚が異常に多いのは、話そのものの伝承のほかに、右に述べたような思考様式の伝承によって新たな話が生まれ続けていることが理由といえる。(10)

解釈装置としての狐狸狢が現役で生き続けているのは、「山中彷徨」や「手荷物の紛失」といった日常のなかで起こる些細な事件を対象としているからだろう。例えば『今昔物語集』には解釈装置としての「鬼」の話がいろいろ載っているが、それらのほとんどが怪死や殺人などの深刻な事態である。現在の世間話に「鬼」が登場しなくなったのも、当然のことといえる。

さて、解釈装置としての狐狸狢だが、その解釈に、いくつかのレベルがあるのではないかというのが、私の考えである。

一九九四年三月、福島県田村郡都路村（現・田村市）を訪れた私は、Ｙさん（一九二三年生まれ、男性）から次のような話を聞いた（――は伊藤）。

ここの下のところの爺さんだな。Aさんっていう人なんだけど、キノコ採りに行った。十二月ごろかな。

キノコ採りに行って、夕方、帰ってこないっていうことで、今度は部落がみんなして……当時はいまと違って、警察だとか消防団なんてねぇから、部落みんな総動員で山捜しした。一日、歩っても見つかんない。

で、明日《あした》の日になって、みな捜しに行ったらば、炭小屋……炭焼きする小屋、そこに一人でいたって。

で、キノコふたつみっつ入っていたそうだけども、

「みんなこの家の人にくれちまった」

って、誰もいねぇ炭小屋なのに(笑)。そうしてその爺ちゃんは、

「夕べ、何食べた?」っつったら、

「うまいぼた餅をごちそうになっていた」って。

それは、ぜんぜんそんなことはねぇかったから、「どういうわけだ?」っていうふうになったらば、いわゆるその「狐に馬鹿にしらっちゃんでねぇか」って。

で、明日、連れてきたんだけども、やっぱりそれを忘れないで、

「夕べはぼた餅をいただいてきた、キノコは採ってきたのくれてやった」

って、そこにぜんぜんねぇのに。

――キノコはぼた餅をくれた人に?――

何だか、ぼた餅いただいた人にキノコあげたんだって。ところが、誰もいない。(11)

Yさんの子ども時代、一九三七、八年ごろの話だという。なお、狐に化かされたというAさんは、この事件の翌春、七十二歳で亡くなっている。逆算すると、生年は慶応年間（一八六五―六八年）で、幕末になる。前近代に、人格形成した人の話である。

私が提唱してみたいのは「狐狸狢、冤罪説」である。先ほどの話で、事実としてあったのは、①キノコ採りのため山に入った老人が帰ってこなかったこと、②翌日、老人が炭焼き小屋で発見されたこと、③老人の採ったキノコがなくなっていたこと、④老人が「誰かにぼた餅をごちそうになった」と話したことだけ。どこにも狐など出てこないのだ。

そのあと、Yさんに連れられて、Aさんの親戚のSさん（一九一七年生まれ、女性）を訪ねたところ、「事件」の別の側面が見えてきたのである。(12)

2 狐狸狢、冤罪説

以下は、Sさん宅で聞いた話のレポート。案内役のYさん（前節の話の話し手）も同席した。SさんとYさんは旧知の間柄で、当日の話も自然な話し口となっている。先ほどの「狐に化かされた話」を、Aさんの身内のSさんが見るとどうなるか。

Sさんにいわせると、そもそもAさんは狐に化かされたわけではないという。Aさんは「キノコ採りさ行って、迷子になっただけ」で、「ぼた餅食ったなんて言わねぇ」、そして「道のそばさ、キノコ入っちゃ籠を置いて」誰かが見つけてくれるのを待っていたということになる（「　」内はSさんの言葉）。

発見されたときの状況も異なっている。Yさんの話では、Aさんは放心状態で炭焼き小屋にいたことになっているが、Sさんは、それは「嘘」だと笑って否定し、干し草のなかでひと晩、暖をとっていたのが事実だという。馬産地として知られる都路村では馬の放牧がおこなわれていて、干し草も豊富にあった。十二月の都路村は相当冷えるので（気候が軽井沢とほぼ同じだとされる）、行動としては理にかなっている。

写真11　狐（写真提供：PIXTA）

一言でいうと、Yさんの話でのAさんの印象は「愚」で、Sさんの話での印象は「賢」である。Sさんが「狐に化かされた」という解釈を受け入れなかったのは、身内の話だからという面もあっただろう。しかも、初対面の学生（私）の前で話しているのだ。また、この聞き取りの前後に「狐に化かされた」人を揶揄する話もしていた。いまとなっては事実を確認するすべはないが、確かなのは、話し手によって話の解釈が変わるということである。[13]

では、そういうSさん自身は狐に化かされたことはあったのだろうか。質問してみると、「そういうことに遭ったことねぇ」とのことだった。しかし、こんな体験を話してくれた――若いころのSさんが、娘を負ぶって山道を歩いてたとき、放牧していた馬の鼻面にぶつかって、肝をつぶしたことがあったという。いままで生きていて「おっかねぇと思ったのは、これに限る」と話すSさんは、「そんなのが、化け物に遭っただのなんのって言うとんだろうなぁ」と感想を述べている。

こんな話も聞いた。やはりSさんが二十代のころの話だ――ある日、Sさんは、夜の山道を歩いていて、「ガランゴロンガランゴロン」と音を出す「黒いモノ」に遭った。すわ化け物かと思いきや、怪音の正体は雨蛙、「黒いモノ」の正体はヒムロの木だった。Sさんは「いや、世の中に化け物なんていねぇもんだと思っちゃって、それから、おっかねぇもん、何もなくなった」と、話をしめくくっている。

ともに「幽霊の正体見たり枯れ尾花」を地でいくようなエピソードである。もっとも、このSさんの解釈と感想が、体験をしていた当時のリアルタイムのものではなく、正体が枯れ尾花だと知ったあとのものである点には留意する必要がある。

狐に間違われた話もある――やはりSさんが若かったころのこと。夜道をおっかなびっくり歩いていると、前のほうから人影が近づいてくる。Sさんが「おばんです」とあいさつすると、相手は知り合いの息子（当時、高校生）だとわかった。しかし、高校生のほうは、すれ違った若い女がSさんだとは気づかず、帰宅後、「いや、狐だか何だかに遭って帰ってきた」と家の人に話したという。また一つ「狐に化かされた話」が生まれたわけだ。

柳田國男の『妖怪談義』に「黄昏に途を行く者が、互いに声を掛けるのは並の礼儀ではなかった。いわば自分が化け物でないことを、証明する鑑札も同然であった[14]」とあるのは、まさにこうした状況下でのことを示している。あいさつができないやつは妖怪なのだ。

総じて、Sさんは自分自身の体験に対しては「狐に化かされた」という解釈をしない傾向がある。また、先に見たように、身内のAさんの体験に対しても、「狐」という解釈装置を用いなかった。では、Sさんが「狐に化かされる」という解釈そのものを否定しているのかというと、必ずしもそういうわけではない。

例えば、こんな話を聞かされた。ごく最近の話だそうで、SさんもYさんも知っている話だ。内容はごく簡単なもので――狐を殺した男が、夜、行方不明になり、みんなで捜したが見つからない。翌朝、学校の前で寝ていた男が発見される。どうやら、親狐を殺したかたき討ちで、子狐が化かしたらしい。

典型的な「迷わし神型」妖狐譚といっていい。この話については、Sさんは「狐に化かされた」という解釈をすんなり受け入れている。

さらにSさんからは「送り狐」の話も聞いた。「送り狼」の話の「狐」バージョンだ[15]。

夜道を歩いている人の後ろをつけてくる狼、いわゆる「送り狼」の話は全国的に分布している。なぜ後をつけてくるのかには二説ある。一つは、夜道を行く人を見守っているのだとする説、もう一つは、襲いかかる隙をうかがっているのだとする説である。展開次第では、人間の敵にも味方にもなる狼の両義性を示している話といえるだろう。いまでも親切めかして女性に近づく男を「送り狼」というが、これは後者のほうの意味だ。

狼も狐も信仰の対象になる動物で、そのあたりがイメージの混交を生んだのだろうか。一方、「送り狸」「送り狢」「送り川獺」「送り猫」などは聞いたことがなく（「送り犬」はある）、幻獣にも棲み分けがあることがわかる。[16]

Sさんから聞いた「送り狐」の話とは、こんな内容だ――知り合いに、毎日、狐に送ってもらっている老人がいた。その老人は炭焼きを生業にする人で、送ってくれたお礼に狐にエサを与えると、喜んで帰っていったという。

話の内容からは、人と狐が良好な関係を築けているように思われる。実際、都路村には、狐が娘に化けて夜道を行く老婆の後をついてきて、里まで送り届けたという話も伝わっている。一見すると、「狐に化かされた」とはいいがたい話のように見える。

しかし、この話の最後で、Sさんは、狐は「後家オヤジだの後家カカだの化かす」とも話していて（ということは、狐に送られていた主人公の男は、妻に先立たれていたことになる）、必ずしもそうとは言いきれない向きもある。本人に被害に遭った自覚はなくても、また実際に被害がなかったとしても、はたから見れば「狐に送られて帰る」こと自体が化かされていることになるのだ。

Sさんからはこんな話も聞いている――毎晩、ソバ畑を狐に荒らされて困っていた人がいた。とうとう腹に据えかねて、狐を退治してやろうと思い、畑で待っていた。すると、急に大水が出て畑が水浸しになる。その人が出るに出られず畑でもがいていると、通りかかった人に「何してんだ？

せっかく育ったソバを踏んで」と声をかけられる。気がつくと大水など出ておらず、自分で自分のソバ畑を踏み荒らしていた。狐を退治しようとして、逆に化かされたという話。

狐が人を化かす際に、「ソバ畑を大水に浸かったように見せかける」話は珍しいと思うが、「田んぼや肥溜めを、風呂に見せかける」話はよくあり、都路村でも報告例が多い。昔話では「風呂は肥溜め」という話型名が与えられている。この話は、その変形といえるだろうか[17]。

この話でも、狐そのものは姿を現していない。だから、正確にいうと狐に化かされたのかどうかはわからないのだが、登場人物（と、話し手のSさん）が、犯人は狐だと解釈したので、この体験は「狐に化かされた話」になった。山で道に迷ったAさんの話と同じである。

ほかにも、Sさんからは農作物を荒らす狐の話を聞いている――知人のTさんという老人の畑に、毎夜、狐が出て作物を荒らす。堪忍袋の緒が切れたTさん、今夜こそ狐を殺してやると、火を焚いて畑で待っていた。すると、Tさんの留守中、娘が家にやってきてTさんの妻に会い、「おっ母さん、あんな爺さまと一緒にいっことねぇから、おれにくっついて行け」と誘い出す。帰宅したTさんは、妻がいないことに驚き、「俺げの婆さまいねぇだ」と言って、あたりを探し回る。しばらくして、風呂敷包みをしょって、モンペがボロボロになった妻が、石の上に座っているのが発見されたという。

Sさんは、この話を「おりん婆っぱ」という女性から聞いたという。この女性がどのような人物かは不明だが、かねて面識があったことはわかる。この話にも狐は登場しない。ただ、化かされた当人の話のなかに、狐が化けたという娘は登場する。

自分は狐に化かされたことはないと主張するSさんは、しかし、こんな体験はしている——若いころのSさんが、ある夜、山で道に迷い、いくら歩いても同じところに戻ってしまう。困ったSさんは「狐に馬鹿にしらっちゃときは、腰かけて考えろ」という格言を思い出し、腰かけて「あそこは何、ここは何」と考えているうちに正気を取り戻したという。狐に化かされたときの対処法としては一般的なものである。[18]

数十年後にこの体験を私に語ったSさんは、自身の体験を、狐に化かされたという文脈では話していなかった。しかし、先に書いたように、それはリアルタイムのSさんの解釈ではない。「狐に馬鹿にしらっちゃときは、腰かけて考えろ」という格言を思い出して対処していることから、道に迷っている最中のSさんの意識に姿が見えない狐があったのは、想像に難くない。

ここから導き出されるのは、解釈の多層性である。解釈は一度きりで終わるものではなく、複数回おこなわれる。そしてそのたびに、解釈の内容も変化するのである。

3　妖怪体験と解釈のレベル

「迷わし神型」妖狐譚の解釈のレベルをモデル化すると、だいたい次のようになる。

まずは山中彷徨を体験した本人の解釈で、これが第一レベル。時間軸で捉えるならば、最初の解釈だが、第二レベル以降の解釈を方向づける力はない。

次に、体験者の周辺にいた人物の解釈。つまり直接体験はしていないものの、妖狐譚のもとになった出来事の直後に、立ち会った人の解釈である。これが第二レベル。

第一レベルで山中彷徨の原因を「狐」に求めなかったとしても、第二レベルで「狐」を用いた解釈がなされれば妖狐譚として成り立つし、その逆の場合もある。なお、これは以下のすべてのレベルについても当てはまることだ。

Sさんの場合、このレベルまでは「狐」を解釈装置として用いておらず、したがって妖狐譚は成り立っていない。

第三レベルは、少し時間がたったのち、体験者本人から話を聞いた人物の解釈である。Sさんにとって妖狐譚が成り立つのはこれ以降である。多くのフィールドワーカーが耳にする妖狐譚もこのレベル以降である（もっとも、フィールドワーカーの多くは、解釈装置としての「狐」を用いないと思われるが）。

そして第四レベルは、体験者の周囲にいた人から、話を聞いた人物の解釈。妖狐譚のもとになる出来事は体験しておらず、既成の情報として耳にしているという点で、第三レベルと共通する。いわゆる「友達の友達の体験」であり、都市伝説の法則でもある。

最後は、第三・第四のレベルの解釈をした人から、話を聞いた人物の解釈である。これが第五レベルとなるが、その後も第六・第七・第八……と解釈は続く。このレベル以降は、話のもとになる出来事を直接あるいは間接に体験した人にも、その人物から話を聞いた人にも顔を合わせることはない。ここで、話は当事者のもとを離れることになる。

やがて時間がたつにつれて話はそのもとになった出来事から遠ざかっていき、話し手の話に対する責任は軽くなる。話が類型性を帯びてくるのも、こうした経緯を経てのことである。もう一度書くが、解釈は一回きりではない。話のもとになる出来事が一回きりでも、解釈は話されるたびに繰り返され、そのたびに揺らぐ。第一レベルの体験者自身の解釈であっても、山中彷徨の渦中にいるときの解釈と、山中彷徨を終えた直後の解釈と、しばらく時を空けての解釈と、さらに時を空けての解釈と……と繰り返される。聞き手や、その場その場の雰囲気によって、解釈も変わっていく。また、聞き手の存在が解釈に作用することもある。解釈は、話の場の力学に基づいておこなわれるのだ。例えば、話し手が「狐狸狢に化かされた」という解釈をした場合、(ケースにもよるが)聞き手もそれを受け入れる方向で話に向き合うのが普通である。反対に、話し手が聞き手の個性や、前後の文脈を読み取って(空気を読んで)、「狐狸狢に化かされた」という解釈を用いないこともよくある。

重要なのは、この話者は怪異を信じるか信じないか、という二元論ではなく、解釈とはその場の雰囲気に左右される流動的なものだという認識をもつことである。

さて、これまでは、話のなかに狐が登場しない、解釈によって成り立つタイプの妖狐譚について考えてきた。しかし、Sさんが話した妖狐譚は、解釈によって成り立つものだけではない。

話を紹介する前に、狢について一言。現在、動物図鑑を開いてみても「狢」という項目はない。そのような属名は採られていないからだ。一般には「穴熊」の別名が「狢」だとされるが、「狸」の別名とする地域もあってややこしい。都路村でも、狢とは何かという点については両方の説がある。狐と狢の違いについて、Sさんは「狢より狐のほうが上手に人を化かす」とか「狐は人を迷わせるだけだが、狢は人に化ける」とも話しているが、必ずしも話の内容と一致していない。

意外に思われるかもしれないが、狸は東アジアにしか生息していない。世界的に見れば珍獣といってもいいだろう。それに比べると穴熊は分布が広い。狐はさらに分布が広く、ほぼ全世界に生息している。ただし、穴熊が人を化かすという話はあまり海外では聞かないので、狐だけが人を化かす動物として世界的に共通認識をもたれていることになる。

もっとも、アンソニー・S・マーカタンテ『空想動物園』[19]によると、洋の東西で、狐に対するイメージが異なるという。西洋人が抱く狐のイメージはマイナス一辺倒の悪役だが、東洋人には、プラス・マイナス両面があるとのこと。その根拠は、東洋(主に中国と日本)の話では、美女に化けて男に愛された狐がいるからだとしている。もちろん、同書には「狸」「狢」の項目はない。

実際、狐が美女に化けた話は多く、「狐遊女」なる語もあるくらいだ。「狸親父」の語のように、中年男の印象が強い狸とは対照的である。[20]しかし、Sさんからは、狐ではなく狢が若い女性に化けて男をたぶらかす話を聞いている。以下はその要約。「 」内のセリフは、Sさんの言葉のままである。


三人の男が、炭焼きをしていた。そのうち、小屋で寝泊まりをしていた男が、だんだん痩せていく。不審に思った二人が聞くと、

「何も具合悪いところもねぇが、毎晩、俺んとこさ姐さん来て、泊まんんだ」

写真12　炭焼き小屋（写真提供：PIXTA）

との答え。これは「狢に馬鹿にしらっちぇんだ」と思った二人が、夜、小屋に行って、のぞいてみると、なかには男が一人だけいて、ぶつぶつ何かしゃべっている。

二人が「野郎、頭さ来て〔気が変になって：引用者注〕んかなぁ」と思っていると、狢が入ってくる。どうやら、男には、狢が娘に見えるらしい。狢は、体を上下逆にして（つまり、口を女陰に見せかけて）、男の局部に吸いついていた。

すべてを理解した二人は、男から狢を引きはがして、棒でたたき殺した。驚いたのは、たぶらかされていた男である。

「何てことした、この人殺し！　人を殺すやつがあっか！」

と、どなりつける男に、ふたりは言い返す。

「人であっか！　これ見ろ、このザマ見ろ、狢でねぇか！　よく見ろ！」

男が見ると、女の死体は狢の死体へと変わっていた。

その後、男は健康を取り戻したという。[21]

「牡丹灯籠」など、中国古典の志怪小説を思わせる内容である。[22] 話を締めくくる際、Sさんは「なぁ、男っちゅうのはそういうふうに馬鹿なんだべか。女子《おなご》〔のところ：引用者注〕に行って、金玉吸わせて本気になっていられるもんだべか」と話していた。怪談とも猥談ともとれる話である。[23]

都路村は炭焼きが盛んで（生産量が全国一だった時期もある）、Sさん自身も、若いころ炭焼き小屋で働いた経験がある。おそらく、炭焼き小屋で伝承されていた話なのだろう。男性が多い仕事場に少数の女性がいると、怪談とともに猥談が多く話される。

Sさんからは、もう一話、狢が美女に化けた話を聞いている。要約すると……。

夜、トウキビを食べながら、炭焼き小屋で働いていた青年がいた。

そこへ毎晩、年頃の娘がやってきて、尻を出してしゃがむ。「行儀の悪い姉さま」だなと思っていると、あるとき、焼けたトウキビが跳ねたのを、娘が尻で食べるのを見てしまう。「これは狢とか狐ってのはこのことか。これは人間でねぇ」と思った青年は、人を連れてきて、その娘を殺すと、やはり正体は狢だった。

娘に化けた狢は、逆さまになって、口を女陰に見せ、女陰を口に見せていたのだ。[24]

最後の部分、Sさんの言葉を文字起こしすると、「頭ぁ土さおっつけて、ほして尻を天井にして口を尻に見せてたぁど」となる。だから、狢は、目の前に跳ねてきたトウキビを見て、思わずパクッと食べてしまったのだ。

女性器に歯が生えているというのは、「ヴァギナ・デンタータ（歯のある膣）」として知られるモチーフだ。『日本昔話事典』の「下の口の歯」の項には「東南アジア、環太平洋地域全体にまたがり、わが国にもわずかな例が見いだせる伝説的世間話[25]」とある。

以上の話では、狐狸狢が実体として登場している。解釈のなかにしか登場しない話とは異なる。両者がないまぜになってSさんの話の世界は成り立っているのだ。Sさんからは、怪談ではない、動物としての狐狸狢の生態にまつわる話も聞いている。先に書いたように、狐狸狢の動物・幻獣・妖怪としての境界はきわめて淡いものである。研究する側の都合でこれらを分類する必要は感じるが、話し手の側に立てばどうでもいいことなのだ[26]。

さて、「迷わし神型」の妖怪譚は世界中にある。それぞれの民族の説話で、どのような妖怪が解釈装置として用いられているのかを考えてみると面白い。台湾の場合は、第6章で紹介するモシナが「迷わし神型」妖怪である。

注

（1）「迷わし神」型の妖狐譚については、戸塚ひろみに先行研究がある。戸塚ひろみ「世間話の一考察――富山県宇奈月町の事象」「昔話伝説研究」第五号、昔話伝説研究会、一九七五年

（2）「迷わし神」という語は、最近の辞書にも出ていて、松村明／三省堂編修所編『大辞林』第三版

（三省堂、二〇〇六年）には「人を迷わす神」とある。なお、本章では「狐狸狢」が人を化かす話を「妖狐譚」と総称する。狸・狢と狐では性質に若干の違いはあるが、山中彷徨の身体感覚に注目する本章では細分化するよりも、ひとまとめにしたほうが話を進めやすいと判断したからである。また、「妖狸」「妖狢」という語が、日本語として熟していないことも考慮した。

（3）本文は、森正人校注『今昔物語集』第五巻（「新日本古典文学大系」第三十七巻）、岩波書店、一九九六年）によった。

（4）「竹切り狸」や「砂まき狸」などのように、化かし方の手段がそのまま名称となっている例も珍しくない。笠井新也『阿波の狸の話』（「郷土研究社第二叢書」、郷土研究社、一九二七年）には、その種の例が多い。水木しげるは、徳島の「衝立《ついたて》狸」（ヌリカベのように、行く手をふさぐ）の解説で、「妖怪を徳島流になんでも解釈すると、実体は狸だということが初めからわかってしまうので、ものたりない思いがしないでもない」と述べている。前掲『日本妖怪大全』

（5）私の定義では「幻獣」は「未確認動物」ではない。「未確認動物」が話題になるためには、世の中のほとんどの動物が確認されている状況にあることが前提となる。つまり、人知が世界を掌握していくなかで生まれたのが「未確認動物」である。「幻獣」にはそのような前提はない。ただ、江戸時代の本草学はまさに世界を掌握しようという意思の下に隆盛したものであり、そこで見いだされた奇妙な動物たちは「未確認動物」概念の萌芽と見なせる。伊藤龍平『ツチノコの民俗学――妖怪から未確認動物へ』青弓社、二〇〇八年、前掲『江戸幻獣博物誌』

（6）このテーマに関しては、中村禎里の一連の著作が参考になるが、主に文献資料が用いられている。個別の民俗資料を用いた論考は、いまにいたるも少ない。中村禎里『狸とその世界』（朝日選書）、朝日新聞社、一九九〇年、同『狐の日本史 古代・中世篇』日本エディタースクール出版部、二〇〇一

年、同『狐の日本史 近世・近代篇』日本エディタースクール出版部、二〇〇三年

(7) 小松和彦/関一敏編『新しい民俗学へ——野の学問のためのレッスン26』(せりか書房、二〇〇二年)の序にあたる対談で佐藤健二が指摘しているように、小松和彦や関一敏らは「装置」という語を、かなり早い段階から用いている。佐藤の指摘に対して、小松は、「装置」という語を用いた理由を、人類学で用いられる「構造」「機能」「システム」などの術語は「静的な意味合いが強い概念だったために、出来事をうまく表現できなかったことによっている」と答えている。また、「装置」という語は、記号論から得た着想だとも述べている。

(8) 飯島吉晴「狐の境界性」、「朱」編集委員会編「朱」第三十二号、朱の会、一九八八年

(9) ただし、中村禎里が指摘しているように、解釈装置と怪異主体との関係は流動的なものである。中村によれば、中世(鎌倉・室町時代)までは「山中に響く笑い声」の怪異の主体は狐か天狗だったが、近世(江戸時代)になって、狸の怪とされるようになったという。また、中村は「タヌキにくらべると、キツネが音響の怪異にほとんど無縁」だという指摘もしていて興味深い。狸と音楽の組み合わせは江戸時代には一般的になっていて、現代でもミュージカル映画(「狸御殿」シリーズなど)のなかで生き延びている。この点については、横山泰子の論考に詳しい。前掲『狸とその世界』、横山泰子「狸は戦い、舞い踊る——近代芸能における狸のイメージ」、小松和彦編『妖怪文化研究の最前線』(妖怪文化叢書)所収、せりか書房、二〇〇九年

(10) たとえ信じていなかったとしても、「道に迷っている」状態を「狐狸狢に化かされた」と解釈する思考回路は伝承されている。本文で「「解釈装置」としての「狐狸狢」が現役で生き続けている」と書いたのは、そういうことである。

(11) 調査日は、一九九四年三月二十三日。國學院大學説話研究会の民俗調査としておこなった。同会会

員の関根綾子が同席した。このときの調査の様子は、前掲『福島県田村郡都路村説話集』に第四章「狐狢放談」として翻字した。以下、引用は同書による。

(12) Yさんも S さんも農業を営んでいて、自宅も山間にあり、狐や狢に日常的に接していた。この章で紹介した話以外にも、狐狢を中心にさまざまな怪異譚を聞いている。

(13) 山中彷徨という現象は誰でも体験しうるが、それを「狐狸狢に化かされた」と解釈するのは、体験者本人にとって、決して名誉なことではない。そのときどきのシチュエーションや体験者の個性とも関わっているので、いちがいにはいえないが(本人が狐狸狢に化かされたと主張するケースもある)、このときこの場でのSさんは、身内の体験が「狐に化かされた」と解釈されたことへの反発から否定モードに入っていた。

(14) 前掲『妖怪談義』

(15)「送り狼」を含め、狼の民俗については菱川晶子の著作に詳しい。菱川晶子『狼の民俗学——人獣交渉史の研究』東京大学出版会、二〇〇九年

(16) 道を行く人の後を「ついてくる」妖怪は多いが、それを「送る」と解釈している点に留意したい。本文では襲いかかる例も提示したが、通常、「送る」という行動は、好意によるものである。「送る」妖怪といえば、オクリスズメ(送り雀)や、江戸の本所七不思議の「送り提灯」「送り拍子木」などがあるが、いずれも恐怖心は薄い。名づけが、妖怪の恐怖感をそいだ例である。

(17) Sさん・Yさんの話ではないが、このときの調査では、狐に化かされた人がバンカリ(水車形式の精米機)の水たまりを風呂に見せかけられるという話が、二話、採集されている。

(18) 前掲『日本俗信辞典 動・植物編』にも、類例が多く載っている。「腰を下ろしてタバコを吸う」のは、山中の怪に遭ったときの一般的な対処法で、ノブスマ(野衾。ヌリカベに類した妖怪で、ムササ

ビの別名ともされる）に惑わされた際にもそうするといいそうだ。

(19) アンソニー・S・マーカタンテ『空想動物園——神話・伝説・寓話の中の動物たち』中村保男訳、文化放送開発センター出版部、一九七六年

(20) もっとも、狐・狸に対するイメージも時代によって変遷してきている。中村禎里によれば、中世（鎌倉・室町時代）までの狸には女性的なイメージが強く、化かし方も残忍だったが、近世（江戸時代）になって男性的なイメージが強くなり、滑稽な要素が強くなっていったという。そう考えると、昔話「勝々山」の狸は、中世的な残酷な狸から、近世的な間抜けな狸へと移行する過渡期に位置づけられる（「勝々山」は江戸時代初期の絵本に事例がある）。前掲『狸とその世界』

(21) 前掲『福島県田村郡都路村説話集』

(22) 田中瑩一は、前掲『伝承怪異譚』の「炭焼き小屋に来る女」の章で、このモチーフについて検討している。田中によると、世界的な広がりを見せるモチーフで（ラフカディオ・ハーンの「雪女」もその範疇に入る）、日本の古典籍にも例が多いが、「日本の民話の場合、山中の妖怪が性的行動をとることはほとんどありません」としている。そうだとすると、私が聞いた「炭焼き小屋の怪女」は珍しい例だといえる。

(23) 本書のテーマから外れるので詳述は避けるが、猥談も、研究テーマとしては非常に魅力的である。話し手が、聞き手に対して仕掛けを施すという意味で、怪談と猥談は通じる部分があるし、さらにはジェンダーの問題も絡んでくる。Sさんは、「子どもの昔話」「大人の昔話」という表現をしていた。

(24) 前掲『福島県田村郡都路村説話集』

(25) 稲田浩二／大島建彦／川端豊彦／福田晃／三原幸久編『日本昔話事典』弘文堂、一九七七年。文責は立石憲利。この辞典では、日本の例として、江戸の随筆『耳袋』（根岸鎮衛、江戸後期）に載る津

軽のカナマラ大明神の由来譚を紹介しているが、背景には、そうした伝承世界がある。このモチーフについて、小松和彦は「恐怖の存在としての女性像」というテーマで論じている。小松和彦『異人論――民俗社会の心性』青土社、一九八五年

(26) 生身の動物としての狐狸狢の生態は、伝承上の妖怪・幻獣としての狐狸狢のイメージ形成のもとになっているが、反対に、妖怪・幻獣としての狐狸狢のイメージが、動物としての狐狸狢に投影されることもある。山田奨治は、計量妖怪学の立場から、この点について論じている。山田によれば、狐よりも狸・狢のほうが、実際の動物分布との関連が薄いという。山田奨治「みえる狐、みえない狸――計量妖怪学の第一歩」、小松和彦編『日本人の異界観――異界の想像力の根源を探る』所収、せりか書房、二〇〇六年

第6章　台湾の妖怪「モシナ」の話

1 「お前さんはモシナかい？」

日本では、台湾の「モシナ（魔神仔）」の知名度はどれほどのものだろう。台湾人で「モシナ」を知らない人は少ないが、日本では知っている人のほうがまれではないだろうか(1)。

モシナとは、主に夜、山中や草原に出る怪で、道行く人を迷わせて帰れなくしたり（第5章で取り上げた「迷わし神型」）、夕方まで遊んでいる子どもをさらったりする。また、口のなかにイナゴを詰めたり、夜中に寝ている人を金縛りに遭わせたりもする。

良いか悪いかと問われれば悪いのだけれども、それほど凶悪な存在ではない。ときには、いたずらの度が過ぎて人命を危険にさらすこともあるが、初めから殺意をもって近づいてくるようなことはない。ただ、迷惑な存在であるのは確かだ。[2]

日本統治時代の台湾在住の民俗学者・池田敏雄（一九一六—八一）は次のような報告を載せている[3]——高雄州（台湾南部）の先住民族の集落を自動車で訪れた池田が、運転中、道に迷ったとき、案内役の台湾人の「モウシラン、モウシラン」という独り言を耳にした。当初、池田は彼が日本語で「もう知らん」と言っているのかと思ったが、すぐに「魔神仔（モオシンナア）」と言っていることに気づいた。

このエピソードを紹介したあと、池田は、次のように述べている——「よく魔神仔にとりつかれると云ふが、それはかう云ふ場合を指すのだと云ふことが実地にわかつた。魔神仔とは赤い帽子を被つた幼児の亡魂、子供を失神状態に陥らせたりするとの俗信がある」。

モシナの容姿については、赤い帽子と赤い服（もしくは、赤い髪、赤い体）の子どもの姿（猿に似ているとも）をしているといわれるが、一方では、人の目には見えない気配のようなものだともいう。対極的といっていい、二つのモシナ像をどう位置づけるかという点については、納得がいく結論を導き出すのはなかなか難しい。

写真13　台湾の山林（筆者撮影）

まずは「モシナ」の漢字表記と、そこから推測される原義（もとの意味）について。「モシナ」は北京語（台湾で用いられている公用語）ではなく、土着の台湾語（閩南語）らしい。[4] 本書では、慣例にしたがってカタカナ書きで「モシナ」としたが、実際の発音に近づけるならば「モォシィナァー」もしくは「モォションアー」と表記するほうが近い。[5]

現在、モシナは「魔神仔」と表記されることが多いが、これは当て字であり、本来、台湾語に文字はない。ほかに「無神仔」「亡神」「魅神」「魍神」「芒神」「毛神仔」「墓神仔」などの表記も見られるが、いずれも当て字で、北京語の発音ではなく、慣習的に「モォシィナァー」「モォションアー」と読まれる。[6]

もっとも、まったく縁がない字を当てているわけではない。「魔神仔」「無神仔」は神でもなければ鬼でもないモシナの性質をよく表しているし、「亡神」は道行く人を迷わせるというモシナの行動を示している。「魅神」「魍神」は「魑魅魍魎」のことで、「惑わす」という意味もある。「芒神」の「芒」はイネ科の植物の穂のことだが、これはモシナが野山や草原に出没するのと関連するだろう。なお、客家《はっか》（漢民族の一つで、台湾には閩南人より遅れて渡来した）は「芒神」の表記を使うことが多いそうだ。また、「毛神仔」という表記からはモシナの容姿の類型の一つである「赤くてふさふさとした毛」を想起させる。「墓神仔」には、無縁仏の意味が込められているのだろうか。

一連の当て字からは、台湾の人々がモシナに対して抱いているイメージが読み取れる。それにしても、「モシナ」とはどういう意味か。

知人の黄昆堅さん（一九三三年、台南市生まれ、男性）によると、「モシナ」の「モォ」は、台湾語で「触る」という意味だという。台湾語なので文字はないが、強いて漢字を当てるならば、「摸」ではないかという。

日本統治時代に刊行された『台日大辞典』には、「モォ 摸 ①撫でる。触れる。摩る。②攫ふ。被鬼仔——去＝妖怪に攫はれる[7]」と記されている。黄さんの話のとおりだが、二番目に「攫《さら》ふ」という意味があり、それが「鬼」（同辞典では「妖怪」と訳されている）にさらわれるときの慣用句として記されている。

また、『台日大辞典』には「モォ 魔 魔。——鬼＝悪魔 妖——鬼怪＝妖魔怪物」ともある。「摸（モォ）」と「魔（モォ）」、おそらくは、このあたりがモシナの原義なのだろう。

以上をふまえて、『台日大辞典』の「魔神仔」の項を見てみると、次のように記してある。

> モオ・シヌ・アア　魔神仔。小児の姿にして毬栗頭をなし能く小児を捕ふる怪物。
> 被——摸去＝同上に攫はれた

例文として示されている「被魔神仔摸去（モシナにさらわれた）」が、先ほどの「摸」の項の例文「被鬼仔摸去（妖怪にさらわれた）」に通じる点に留意したい。

ちなみに『台日大辞典』には、「モォピァクィ　膜壁鬼」という項もあり、「ぺったりと壁にくっついてゐる鬼、黙って、こっそりと室内に入ってきたものなどに対していふ」と説明されている。「膜（モォ）」は「摸（モォ）」と同音で「ぺったりとくっつく」の意だが、「こっそりと室内に入って」くるという点が、モシナに通じる。もっとも、現在ではモォピアクィを知る人は少ないが。

黄さんからは、「リーシーモォシィナァマー（你是魔神仔嗎？　お前さんはモシナかい？）」という慣用句も教えてもらった。黄さんの言葉を借りて説明すると、こうなる。

　人に気づかれないように、ひょっこり現れてくる。たとえば、われわれ、いま話してますね。そしてひょっこり誰かが、われわれの気づかないうちに、後ろ側に寄ってきた。そうすると、われわれはびっくりして、「あれ、あんたモシナみたいだな」って。(8)

日本語なら「おい、脅かすなよ」といったところ。黄さんによると、こういう場合に「リーシーグェイマー（你是鬼嗎？＝お前さんは幽霊か？）」とは言わないそうで、モシナと鬼の違いがわかる。もっとも、若い世代では「お前は鬼か？」という言い回しもされているようだ。

この慣用句にはモシナの本質が凝縮されている。モシナとは、知らぬ間に自分の背後に忍び寄る存在だった。黄さんは、モシナを「影のような存在」とし、「幻のようなもの」とも呼んでいた。

同席した蔡紅玉さん（一九三一年、台南市生まれ、女性）も、「急に、影みたいに現れて消えるとか、そういうのをモシナって。鬼はもっとはっきりした形があった場合は鬼よね。モシナというのは、何かしら薄いような影（の姿）をした鬼でしょうね。だから小鬼《こおに》という。実際の鬼じゃなくて、いたずら鬼。いたずらをする鬼」と話している。

中国語の「小鬼《シャオグェイ》」は「いたずらっ子」「悪ガキ」という意味だが、西欧の「妖精」を指すこともある。お二人は日本語で「小鬼《こおに》」と呼んでいた。黄さんも、「モシナは神でもなく、鬼でもない」「モシナはね、人に害を与えないんだ。ただ、こっそり寄ってきて、あんたと仲間に入る」とし、西洋の「小鬼《こおに》」のようなものと表現していた。以下、黄さんの証言の引用（――は伊藤）。

――日本語の「幽霊」は人が死んだあと「幽霊」になるんですが、「モシナ」は人が死んだあと、なるんですか？――

いやいやいや、人が死んだあとじゃなくて、それは自然と存在してるんですよ。もともとから存在している。あなたが死んで小鬼……モシナになるということはないんだ。すでに存在している。(9)

私の同僚の林柏維さん（一九五八年、南投県生まれ、男性）も、モシナは「神」でも「鬼」でもなく、台湾語の「バァー」のような存在だと話した。「バァー」とは、日本語訳するなら「妖怪」のことで、漢字を当てると「魅仔」なのではないかという。林さんも、モシナは人に由来するものではなく（つまり、死者の変化ではなく）、「自然界のいたるところにいるもの」だと話していた。同席していたほかの同僚たち（同年配）も、同じ意見だった。

さて、黄さんは、先の話のあと、「たとえば、わたくしはこの人と仇《あだ》がある。わたくしは小鬼を養って、この人を呪うんですよ。この小鬼を使って、この人に何か悪運でも与えるとかいうふうに、小鬼を養って呪詛……呪いをかけてこの人に悪運とかね、悪事が出てくるとかね」とも述べていて、この点は、日本の憑きものを彷彿とさせる。

似たような話は、先住民族（タイヤル族）の潘建祥さん（一九二四年、南投県生まれ、男性）からも聞いた。(10) 潘さんが子どものころ、モシナを使う「巫婆《フーポー》」と呼ばれる老婆がいたという。その老婆は猫の目玉と自分の目玉を取り替えたあと、その猫を敵対する相手の家に忍び込ませて、幻覚を見せ、追い詰める。潘さんは、その怪異主体をモシナと呼んでいた。

潘さんによると、巫婆は師匠からモシナの使い方を仕込まれるそうだが、一方で、巫婆自身がモシナになるとも話していて、何度も確認したが判然としなかった。潘さんはモシナのことを、蕃婆《ハンポー》鬼《グエイ》（タイヤル族の妖怪）とも呼んでいたが、タイヤル族の伝承と混同したのかもしれない。実際、「猫の目玉と自分の目玉を取り替える」のは蕃婆鬼の行動として知られている。こうした混同は、あらゆる時代・地域であったはずである。

2　モシナの事件簿

モシナとは何かという点については、世代による違いもある。中年以上の台湾人は、モシナと鬼《グエイ》とをはっきり区別していることが多い。人の死後の姿かどうかが一つの基準になるが、ほかにどのような違いがあるのだろうか。

黄さんは、モシナと比べて「もっとはっきりした形があった場合は鬼」と話していた。同じ意見を鄭埌耀さん（一九二四年、台中市生まれ、男性）からも聞いている。鄭さんによると、「鬼ははっきり見えるでしょう、モシナは見えないんだ」とのこと。民俗資料には、赤い服と赤い体という鮮烈なビジュアルのモシナが記録されているが、実際、台湾の人から話を聞くと、こうしたビジュアルがないモシナのほうが一般的である。

それでは、具体的にモシナはどんなことをするのか。以下、鄭さんに聞いた話を要約する。

日本統治時代、台南にモシナが棲むという噂の空き家があった。あるとき、剛毅な男が、銀紙（冥銭。死者に捧げるお金）を奉納したうえで、その家を借りた。ところが、夜中、目が覚めると、男はいつのまにか土間に落ちている。どうやらモシナのしわざらしい。

そんなことが、夜ごと繰り返されたので、とうとう男も腹を立て、「俺は金を払ってんだ、文句あるか！」と怒鳴ると、それ以来、悪さをしなくなったという。(11)

たわいもない話である。怒鳴られて退散するモシナも気が弱いが、鄭さんによると、「モシナはただ、いたずらをするだけ。これが鬼なら殺されてる」とのこと。蔡さんの「実際の鬼じゃなくて、いたずら鬼」という発言とも呼応し、台湾人のモシナ観が見て取れる。

この話では、死者を供養するための「銀紙」を用いたとある。そこで、鄭さんに「モシナと鬼《グェイ》（幽霊）は同じですか？」と聞いてみると、「人が死んだら鬼になるが、モシナにはならない」とやはり言下に否定された。死者の霊ではないから、モシナも退散しなかったとみえる。

モシナの行動でもっとも一般的なのは、冒頭に紹介した「人を迷わせる」ことである。

李錦上さん（一九二七年、鹿港市生まれ、男性）からは、モシナに遭って道に迷い、一晩中、山中を歩き回った人の話を聞いた。李さんの知人の話だそうで、翌朝、衰弱しきって発見されたその人の口のなかには、イナゴがぎっしり詰まっていたという。イナゴのくだりは、陳潭さんと夫人の周阿園さん（ともに一九二九年、台中県生まれ）からも聞いたが、モシナの話に典型的なモチーフである。[12]

このモシナの話は、日本の「迷わし神型」妖狐譚（第5章を参照）とよく似ている。日本の場合、狐狸狢に化かされた人が団子だと偽った馬糞を食べさせられる話が多いが（昔話「馬の糞団子」）、台湾のモシナもイナゴではなく、牛糞を食べさせることがある。おそらく日本の「馬の糞団子」の話のように、ごちそうに見せかけられたのだろう。化かされている最中に口にした食べ物が怪異体験の証拠になる点は共通している。[13]

気になるのは、台湾の「モシナ」と日本の「ムジナ（狢）」の発音の近さである。名称だけではなく、行動までそっくりなのはどういうわけだろう。地名と人名を伏せれば、日本の話なのか台湾の話なのか、区別がつかなくなる。とても偶然とは思われない。何か子細でもあるのではないか。[14]

私は当初、日本統治時代に「ムジナ」という日本語が流入して定着したものかと思ったが（「残存外来語」といって、台湾では例が多い）、対岸の福建省や浙江省にもモシナの話があるというから、そういうわけでもなさそうだ。むしろ逆ではないか。

以下は想像になるが、はるか昔、人を道に迷わせる「モシナ」という中国の妖怪が、日本に伝わったのち、その正体とされる小型哺乳動物（穴熊、狸など）の名称に転化したのではないだろうか。証明するのは困難だが、可能性の一つとして提示しておく。

話を戻す。これまで紹介してきた話のモシナは、人の目には見えない気配のような存在である。話のなかにモシナそのものは登場しない。この点は、第5章で紹介した日本の妖狐譚と通じる。解釈装置としてのモシナである。

解釈装置としてのモシナが用いられる状況の一つに、いわゆる金縛りがあった。前節で、モシナが棲む家の話をした鄭さんは、青年時代、寝ているときに、モシナに胸を押さえ付けられたことがある。体が動かなくなり（「柔道の胴絞めをかけられたようだった」と表現していた）、声も出せなくなった。青年時代の鄭さんは、それをモシナのしわざだと解釈した(15)。

もっとも、現在の鄭さんはそれをモシナのしわざだとは思っていない。鄭さんは、モシナに襲われている（金縛りに遭っている）最中に見た「人のようなモノ」は、壁に掛けてあったコートだろうとしている。また、知人の医師の説明によって、モシナの正体を神経症だと思うようになった。この日の聞き取りでも、終始、鄭さんはその立場からモシナ体験を振り返っている。六十年前の体験が、現在の視点で合理化されているのである。

とはいえ、合理化され、否定的な文脈で話されるとしても、伝承が途切れたわけではない。江戸時代の弁惑物怪談集(16)がそうであるように、あるいは、昨今多い怪異の解明を旨とするテレビ番組がそうであるように、「否定されながら話される」のも怪談の一つのあり方である。それは伝承の変容と呼ぶべきものだ。伝承が途切れるのは、それが忘れられたときである。

魔神仔遊樂園？出口旋轉門自轉

↑墾丁森林遊樂區出口旋轉門被拍到無端逆時針空轉。（記者蔡宗憲翻攝）

←遊樂區近年遊客數不如預期。（記者蔡宗憲攝）

3個門 就中間的轉

〔記者蔡宗憲／屏東報導〕墾丁森林遊樂區出現詭異的「空轉門」事件！男子阿漢今年中元節前夕晚間到「墾丁森林遊樂區」大門附近遛狗，該遊樂區出口有3個旋轉門，當時四下無人，他的狗狗突然狂吠，中間的旋轉門「像是有人出來般」空轉1格，阿漢目擊後以為眼花，向遊樂區人員調監視器，當看到旋轉門莫名轉動那一剎那，現場所有人都起雞皮疙瘩，目前現有的科學原因還無法找出旋轉門為何會自己空轉？

7月半夜晚 無風無人

管轄的屏東林管處不願多談，恆春氣象站人員直呼「難以解釋」。氣象站人員表示，農曆7月中旬（國曆8月24日至8月31日），當時墾丁每天傍晚平均風力都在2級以下，只能造成樹葉搖晃，即便出現5級瞬間陣風，也不可能產生能吹動旋轉門的「條狀噴射氣流」。

目擊傻眼 3狗狂吠

目擊者阿漢事後直說，「怎麼會看到那個！」他指出已記不得正確日期，印象中是農曆7月15日中元節那個禮拜，那時他在森林遊樂區門口遛狗，突然有輛洽公車輛進入墾丁森林遊樂區，門口的燈亮起，車輛過後幾秒鐘，他的3隻狗突然狂吠，遊樂區出口有3個旋轉門，中間的旋轉門突然空轉1圈（實際上是轉1格，可供1人出去），當時旋轉門根本沒人，沒風沒動物經過，讓他心裡寒毛直豎。

阿漢說，以為自己眼花了，開玩笑請遊樂區人員調監視器看看，發現當時旋轉門的確沒有東西經過，每個看過影像的人都起雞皮疙瘩，他質疑，「如果強風吹轉，3個門該一起轉，更何況當時根本沒風。」當下猛念「阿彌陀佛！」

記者實際到遊樂區大門出口測試，發現3個旋轉門鬆緊度相同，門的重量絕非風力能吹動，經與部分工作人員私下確認，影像確實在農曆7月間拍攝到，至今沒有人能夠解釋這個現象。

墾丁森林遊樂區位於屏東縣恆春鎮，行政區屬墾丁里，地區名稱為社頂，附近原是排灣族「龜仔甪」社部落，民國57年林務局整建為「墾丁森林遊樂區」，面積共435公頃。

図8　モシナの新聞記事
（出典：「自由時報」2015年10月7日付）

鄭さんからは、こんな話も聞いた。古い家には、ナーヤー（台湾語なので漢字はない）という七本足の毒グモがいて、夜中、これが天井から一本の足を長く伸ばして、寝ている人の胸を押さえ付ける。それが金縛りなのだという。鄭さんによると、クモの足が一本切れることによってナーヤーになるのだという。

鄭さんは、モシナの話をしているとき、「そういえば……」という感じでナーヤーの話を思い出したが、ほかの台湾の知人に聞いても、知っている人は少なかった。ただ、一人の女子学生が、祖父母から聞いた話として七本足の毒グモの話を覚えていた（ただし、「ナーヤー」という名称は知らなかった）[17]。

妖怪のなかにも勢力関係があって、

弱い妖怪は、強い妖怪に駆逐されていく傾向がある。例えば、「河童」という妖怪の知名度が上がると、水難事故などの水辺にまつわる怪異はすべて河童のせいにされてしまい、似た行動パターンの妖怪の名は忘れられていく。

思うに、「金縛り」に対する解釈装置としてモシナが取り沙汰されるようになったため、同様の行動をするナーヤーが忘れられていったのではないだろうか。そしていまでは、金縛りの原因は鬼に求められ、「鬼圧床《グエイユーチャン》」という語が一般に用いられている。そのうち、モシナを金縛りの原因と考える人も少なくなっていくのかもしれない。

とはいえ、解釈装置としてのモシナは、現在も生きている。現代でも台湾のマスメディアでは、行方不明事件や不可解な死亡事故を報じる際に、紙面に「モシナ（魔神仔）」の文字が躍る。以下、近年の新聞記事からモシナの事例を二つ紹介する。両記事を載せた「自由時報」は台湾の有力紙で、日本でいえば三大紙に相当する社会的地位を占めている。

台湾中部の苗栗県大湖郷で、八十一歳の女性が朝から行方不明になり、捜索の結果、二日後、自宅の対岸の川辺で発見された。女性が発見されたのは急峻な崖下の川辺で、救助の際もロープで担架を下ろすなど、困難を極めたという。失踪当日は雨も降っていて水量も多かった。高齢の女性がどうやってここに来たのか、警察や消防の関係者も首をひねっていて、「モシナのしわざではないか」と話している。（「自由時報」二〇一三年四月九日付）

台湾北部の新北市三峡区内の白紗瀑布という滝で、男性の遺体が発見された。捜査の結果、男性は数日前から行方不明になっている四十八歳の登山者だと判明したが、同地は自然保護区で、普通の人は立ち入れない。先住民族の人の談話によると、ここは日本軍の蛮行があった場所で、いろいろと怪事が続いているという。(「自由時報」二〇一二年十二月二十二日付)

「モシナ」という語が生きて使われているのがわかるが、気をつけなければいけないのは、こうした例には比喩的な用法も含まれているという点である。現代の日本でも、行方不明事件が報じられる際、マスメディアが「神隠し」という語を用いることがあるが、これは比喩であって、天狗や一連の子取り妖怪を信じているわけではない。その点をふまえながらも、慣用句化、形骸化した言い回しの根底に妖怪伝承があることについては押さえておきたい。

前掲の林美容・李家愷『魔神仔的人類学想像』[18]には、新聞に載ったモシナの記事の件数が、年代別に整理されている。もっとも古いのは、日本統治時代の一八九九年十月四日付「台湾日日新報」の記事で、内容は「迷わし神型」の怪異譚。これがモシナの文献上の初出とのこと(清朝時代の文献には、モシナに関する記事はない)。以降、日本統治時代(一八九五―一九四五年)に六件、戦後(一九四六年―)に八十一件、モシナに関する記事がある。

興味深いのは、二〇〇〇年代以降、モシナに関する記事が急増することである。一一年までで三十八件もある。この点について、林と李は、地方紙のスタンスが変わったことを理由にあげている。怪力乱神を、俗信として一歩離れて語る姿勢が生まれてきていた。[19]

3 「鬼」化するモシナ

台湾人が幼少期によく聞いたのは、父母のしつけの言葉のなかに出てくるモシナである。「遅くまで遊んでいると、モシナに連れていかれるよ」「あんまり遠くまで行くと、モシナに連れていかれるよ」など。モシナの原義と推察される「摸（モォ）」に「攫う」という意味があることについては先に述べたとおりである。

日本でいえば、カクレザトウ（隠れ座頭）、カクレババ（隠れ婆）、カマスショイ（叺背負い）、ヤドウカイ（夜道怪）、アブラトリ（油取り）……などの、夕暮れ時に現れて子どもを連れ去る妖怪の系譜に連なるモシナである。

例をあげると、邱秀環さん（一九三二年、桃園県生まれ、女性）は、子どものころ、外で遊んでいて帰りが遅くなると、決まって親から「モシナに連れていかれるよ」と叱られたという。当時は日本統治時代で台湾の習俗への風当たりが強く、学校でモシナの話をすると教師に叱られたというが、家庭教育のなかでは、モシナはしっかり生きていた。

邱さんが長じて母親になると、やはり子どもたちをしつけるときにモシナの名を口にするようになった。邱さんの娘の殷偉芳さん（一九六七年、台南市生まれ、女性）は、子どものころに「モシナに連れていかれるよ」と聞かされて育った。

母親（邱さん）の「モシナに連れていかれるよ」という言葉は、殷さんに鮮烈な印象を残した。淡江大学（台北市）に通っていたころの殷さんは、次のような経験をしている（要約）。

殷さんが、女友達とキャンパスに続く坂道を歩いていると、分かれ道になっているところにボロボロの服を着た女が立っていて、何か話しかけてくる。殷さんが返事をしようとすると、友人はそれを制止し、手を引いてその場を離れた。

実は友人には何も見えていなかったのだが、殷さんが「何か」を見てしまったのに気がついて、そう対処したのだと後で聞かされた。

友人は鬼《グェイ》のしわざだと思ったが、殷さんは、子どものころに聞いた母親の言葉を思い出し、即座に「モシナかもしれない」と思ったという。(20)

謎の女を、殷さんは「モシナ」だと思い、友人は「鬼」だと思っていて、見解が分かれている。先に「モシナと鬼は違う」とする説が台湾では一般的だと書いたが、それは中年以上の年齢層での話であって、若い世代は両者を混同していることが多いようだ。

台湾人の精神世界を探るのに有効だと思われるモシナだが、アカデミズム方面では、ようやく研究の緒についたばかりである。

先に紹介した『魔神仔的人類学想像』では、多面的なモシナ伝承を整理し、「広義のモシナ」と「狭義のモシナ」に分けている。(21) 今後の研究の指標になるだろう。

ここでいう「広義のモシナ」とは「鬼《グエイ》」のことである。中国語の「鬼《グエイ》」を日本語に訳すと、狭義の「妖怪」の意味にもなるが（第7章「東アジアの小鬼たち」を参照）、ここでは「幽霊（死霊。人の死後の姿）」を指している。ただし、祀られている鬼ではない。祀られずに（供養されずに）世間を漂っている鬼であり、さらに単独で出るものとされている。

一方、「狭義のモシナ」は、本質的には「山精水怪」の一種で、さまざまなものに化けて、人にいたずらをする。林と李は三百九十六例にのぼる事例を整理し、その特徴を、①小さい体、②猿のような顔、③青黒い肌、④赤い色（帽子、目、髪、体）、⑤ふわふわと動く、⑥単独で行動する、としている。[22] 林と李は、こちらをモシナ本来の姿だとして考察の対象としている。

最初に、モシナにはビジュアルがないとする説とあるとする説を述べたが、それは広義のモシナか狭義のモシナか、ということなのではないだろうか。狭義のモシナには鮮烈なビジュアルがある。例えていうなら「幽霊的モシナ」と「妖怪的モシナ」である。林と李が後者を研究対象としたのは、モシナ研究の端緒としてはまったく正しいが、今後は前者のモシナを、台湾の鬼の話（非常に多い）のなかで捉える視点も必要になる。

もっとも、ビジュアルがあるからといって、必ずしも話のなかにモシナが姿を現すわけではない。このことは「迷わし神型」妖狐譚について論じた第5章でふれたとおりだ。微妙な問題ではあるが、道に迷っている人が「あ、これはモシナのしわざだ」と解釈したとき、頭のなかにモシナのビジュアルをイメージできない場合とできる場合がある。妖怪感覚が妖怪体験へと変化する際に、妖怪の、①ビジュアルがなくて姿も見えない場合、②ビジュアルはあるが姿は見えない場合、③ビジュアルがあって姿も見える場合、の三パターンがあることは押さえておいたほうがいいと思う（実際には③のパターンは少ないと思うが、河童やザシキワラシを見たという証言はいまでもある）。

今後の展望として、林と李は「モシナの比較民俗学」を提唱している。ここで比較対象にあげているのは、中国大陸の「迷魂仔」「芷神仔」、日本の「河童」「神隠し」、欧米の「ブギーマン」「フェアリー」など。いずれも比較対象として魅力的だが、その前に、地理的に近い南西諸島との比較がなされるべきだろう。狭義のモシナの外見や行動からは、沖縄のキジムナーや奄美のケンムンの伝承が想起される。「金縛り」という行動面でも類似点が多い。また、これも先に述べたことだが、行動がそっくりな日本の狐狸狢の話との比較も有効だろう。ムジナ（狢）＝モシナ説の是非はさておき、「迷わし神」型妖怪の比較研究はまだなされていないはずである。

広義・狭義のモシナの問題に関連して、興味を引かれるのは、「モシナの鬼化《グェイ》」である。最近（二〇一七年春）、勤務校の南台科技大学（台南市）の学生四百五十九人を対象に台湾の妖怪文化に関するアンケートをおこなった。[23] その際、項目の一つに「モシナを知っていますか」「（知っている人に）どんなものですか」という質問を設けたところ、次のような結果だった（複数回答可）。厳密な統計ではないが、おおよその傾向はつかめると思う。

「幽霊（死んだ人の霊）」という回答がもっとも多く、二百七十六人。このなかには「台湾語の「鬼」のこと」（四十一人）、「悪霊」（十人）、「怨念をもった幽霊」（六人）、「孤魂野鬼（供養されない霊魂）」（四人）、「お墓にいる幽霊」（二例）が含まれている。

「知らない」が六十四人。これを多いと見るか少ないと見るかは判断が難しいが、高齢層と比べると、知名度が低いように思われる（ほかの世代へのアンケートはおこなっていないので、実感にとどまるが）。次に、「山の中の幽霊／妖怪／精怪」が五十七人。これは先の二百七十六人には含めなかった。わざわざ「山の中の」と断っているところに、特色が見られる。

アンケートは自由記述でおこなったが、モシナのビジュアルに対する回答は少ない。「形がないもの」（十三人）、「人が見えないもの」（十人）という回答に端的に表れているが、現代の若い層には、モシナと鬼は同一視されているようだ。「モシナの鬼化」である。[24]

現代の台湾には鬼の話が多く、日本の幽霊話よりもリアリティーをもって話されている。しかし、日本の場合と同じく、妖怪の話は例が乏しい。そう考えると、「妖怪的モシナ」に比べて「幽霊的モシナ」のほうがリアリティーを保てているのかもしれない。

モシナをめぐる問題系は多様かつ重層的で、容易に書き尽くせるものではない。特に、私のような外国人にはわかりにくい。そうしたなかで興味を引かれるのは、香川雅信がいうところの「妖怪革命」が台湾で起こるか、ということである。

『江戸の妖怪革命』（傍点は引用者）という書名に明らかなように、「妖怪」が今日のいわゆる「妖怪」となったのは——つまりキャラクター化され、愛玩の対象になり、商業主義の下でサブカルチャーとして流通するにいたったのは——、たぶんに日本的な特色だった。そのことは、本来的には異文化であるはずの沖縄のキジムナーが、あたかも本土の「妖怪」のように観光化のなかでキャラクター化されマスコット化されていった過程を考え合わせると理解しやすい。沖縄の「妖怪革命」は、本土復帰以降に起こった。

現代の台湾では、若年層を中心に「妖怪」が日本文化の一環として認知されている。それでは、台湾のモシナも、日本や沖縄と同じ道をたどるのだろうか。

奕辰の『芒神』（台湾角川、二〇一三年—）という漫画は、この問いに対する答えを示唆している。タイトルの「芒神」はモシナのことで（タイトルにも「MOSHINA」とローマ字表記されている）、この年の台湾角川の最優秀作品に選ばれている。作中のモシナは、人類が生まれる以前から地球にいた種族で、自在に超能力を扱えるとされている。いまは絶滅に瀕し、人類に紛れて暮らしているが、平和共存を願う一派と、現状に不満をもっている「魔神」を自称する一派とに分かれている。絵のタッチはいかにもといった感じで、「芒神」たちは美形の男女として描かれている。

図9　奕辰『芒神』第1巻（台湾国際角川書店、2013年）のカバー

この設定から想起されるのは、水木しげる『墓場の鬼太郎』の「幽霊族」や、永井豪『デビルマン』の「デーモン（悪魔）」である。いずれも「幽霊」や「悪魔」を人類以前に地球で繁栄した種族として読み替えている。これまでも、モシナに想を得た創作はあったが、『芒神』のような、サブカルチャーのなかでの享受のされ方はなかった。

いまの台湾は、妖怪革命の最中なのだ

ろう。今後、モシナ像がどのように転換していくのか、それが台湾の人の精神世界にどのような影響を及ぼし、台湾の妖怪研究にどのような航跡を残していくのか、興味深いところである。

注

(1) 本章は二〇一三年ごろに書いた文章をもとにしているが、ここ数年で、ずいぶんと状況も変わってきた。例えば、雑誌「ムー」二〇一五年十二月号(学研プラス)では、「台湾に河童がいた! 妖怪UMA・魔神仔を追う」という特集を組んでいる。テレビでは、二〇一六年二月三日放送の『世界がビビる夜』(TBS系)で、タレントの的場浩司が台湾に来て、モシナの捕獲を試みている。ともに、民俗学者の林美容が解説をしている。日本では、現在のところ、妖怪というよりも未確認動物という方向で、モシナのイメージが固まりつつあるようだ。

(2) 現在のところ、林美容・李家愷の著作(左記)が、モシナを総合的に研究した唯一のものになっている。丹念な文献調査とフィールドワークに基づいた手堅い内容で、台湾での妖怪研究の嚆矢になると思う(刊行の経緯は注(18)を参照)。また、苗栗県(台湾中部)限定だが、鐘愛玲の論文は、林・李の著作よりも早い。鐘愛玲「徘徊在「鬼」「怪」之間——苗栗地区「魍神」伝説之研究」国立清華大学文学研究所修士論文、二〇〇七年、林美容/李家愷『魔神仔的人類学想像』五南出版、二〇一四年

(3) 同報告は、「民俗台湾」第四巻第三号(東京書籍台北支店、一九四四年)の「点心」というコーナーに「牽牛子」名義で載せられたもの。

(4)台湾の公用語は、戦後に台湾島に渡ってきた国民政府が指定した北京語だが、在来の台湾人の母語は、台湾語、客家語、原住民諸語(先住民族が使用。現在、十五種ほどある)である。近年では、母語教育が盛んになっている。
(5)モシナの発音が二種類あることは、黄昆堅さんのご教示による。ただし、それは老年層の話で、若年層の発音は、ほぼ「モォシィナァー」に統一されている。
(6)現在、モシナの漢字表記は「魔神仔」が一般的だが、前掲『魔神仔的人類学想像』には、実に三十四種もの表記が載っている。同書によると、「魔神仔」という漢字を当てられたために、モシナ伝承の内容にも変化が見られるようになったという。表意文字の漢字だからこそ生じた事態である。
(7)『台日大辞典』台湾総督府、一九三一年
(8)聞き取りは、二〇一三年六月二日、台南市内のレストランで、日本語でおこなった。本章で紹介する台湾のご老人聞き取りも、すべて一三年夏におこなった。
(9)注(8)に同じ。
(10)聞き取りは二〇一三年夏、高雄の潘さん宅でおこなった。潘さんが「モシナ」という語を「妖怪」一般の意味で使っている可能性もある。その場合は、タイヤル族の妖怪を、台湾語の「モシナ」と翻訳したことになる。実際、潘さんは「モシナ」を日本語で「お化け」とも呼んでいた。その際、翻訳に伴って、タイヤル族の妖怪の性質まで「モシナ」化することも考えられる。日本でも、アイヌの水の神ミンツチカムイは内地のミヅチに由来するといわれているが、異文化折衝の際に生じる妖怪伝承の変容については注意したい。
(11)聞き取りは、二〇一三年九月二十一日に台南市内の喫茶店でおこなった。
(12)鄭清文の幻想小説集『採桃記――鄭清文童話』([本土新書]、徐偉・絵、玉山社、二〇〇四年)に

は、「魔神仔」という一編がある。夜、山で道に迷った少年の話で、本文中に「魔神仔は悪ふざけをするのが好き」、「牛の糞を米糕、バッタの脚を鶏の腿に見せて食べさせる」とある。鄭氏とは懇意にしているので話をうかがったところ、この部分は創作ではなく、子どものころに聞いたことだという（鄭氏は一九三二年生まれ）。原作者にこうした質問をするのはマナー違反なのだが、一つの証言として記しておく。

(13) 中国の民間説話に詳しい澤田瑞穂は、「鬼市考」のなかで、夜、鬼（幽霊）たちの市に迷い込んだ男の話を紹介している。翌日、男が食べたものを吐き出すと、虫などだったという。イナゴを食べさせるモシナの話と関連が見いだせる。澤田瑞穂『鬼趣談義』国書刊行会、一九七六年

(14) 前掲『魔神仔的人類学想像』でも、モシナとムジナ（狢）の行動と発音の近さに言及しているが、両者の関係については結論を留保している。

(15)「金縛り」こと睡眠麻痺が生理現象である以上、あらゆる時代、あらゆる民族に起こりうる。しかし、それをどう解釈するかは、時代、民族その他の諸条件によって異なってくる。「金縛り」を軸にした比較文化論も可能だろう。ハフォードの左記著作は、「金縛り」の文化論的著作として意義深い。日本では、福田の著作が面白い。デヴィッド・J・ハフォード『夜に訪れる恐怖——北米の金縛り体験に関する実証的研究』福田一彦／竹内朋香／和田芳久訳、川島書店、一九九八年、福田一彦『「金縛り」の謎を解く——夢魔・幽体離脱・宇宙人による誘拐』（PHPサイエンス・ワールド新書）、PHP研究所、二〇一四年

(16)「弁惑」は「惑いを弁ずる（解き明かす）」という意味。江戸時代も後期になると、怪談の最後に、怪異の種明かしをする趣向の作品が増えてきた。それを「弁惑物怪談集」と呼び、近年、研究が進められている。妖怪伝承での否定論の伝統については、廣田論文を参照。廣田龍平「俗信、科学知識、

そして俗説——カマイタチ真空説にみる否定論の伝統」、日本民俗学会編「日本民俗学」第二百八十七号、日本民俗学会、二〇一六年

(17) 何敬尭『妖怪台湾——三百年島嶼奇幻志・妖鬼神遊巻』(張李雅・絵、聯経出版、二〇一七年)で知ったが、日本統治時代の「台湾日日新報」一九一〇年四月十日付に、七本足の蜘蛛は死霊だという記事がある。日本にも、ツチグモ(土蜘蛛)、ジョロウグモ(絡新婦)など、蜘蛛の妖怪は多く、池や沼の主を蜘蛛とする例もあるが、足の本数の多寡が話題になることはない。ただ、タコに関しては、七本足のものは蛇の変化だとする俗信がある。

(18)『魔神仔的人類学想像』は、李家愷の修士論文「台湾魔神仔伝説的考察」(国立政治大学宗教研究所、二〇一〇年)をもとに、指導教授の林美容が追加調査をして加筆し、共著にしたもの。

(19) 台湾では、日本統治時代も戦後の国民党時代も、土着の俗信は否定的な文脈以外で記事になることは少なかった。二〇〇〇年以降にモシナの記事が増えた背景には、民主化が進むなかでの台湾人意識の高まりが指摘できる。なお、湯本豪一による丹念な調査があるが、日本の新聞では、ある時期までは妖怪・幽霊の記事が報道されてきた。しかし、現在では、その種の記事は文化論的な文脈でのみ取り上げられる。湯本豪一編『明治期怪異妖怪記事資料集成』国書刊行会、二〇〇九年、同『大正期怪異妖怪記事資料集成』上・下、国書刊行会、二〇一四年、同『昭和戦前期怪異妖怪記事資料集成』上・中、国書刊行会、二〇一六年、同『昭和戦前期怪異妖怪記事資料集成』下、国書刊行会、二〇一七年

(20) 聞き取りは、二〇一三年十二月二十八日に台南市内のレストランでおこなった。

(21) 前掲『魔神仔的人類学想像』では、参考として、楊緒言(医師。台湾大地文教基金会)によるモシナの分類(水怪、山精、旱魃)を紹介している(楊の説は、同基金のウェブサイトによる。「台湾大

地文教基金会」〔http://taiwantt.org.tw/tw〕［二〇一一年二月三日アクセス］）。

(22) アンケートは、日台合作の妖怪アニメ企画（本書の「あとがき」を参照）のための、若者の意識調査として、二〇一六年十一月に、南台科技大学の日本語学科の学生を対象に実施したが、男女のバランスが悪いので（日本語学科の八割は女子）、翌一七年四月に非日本語学科の学生を対象としたアンケートも実施した。有効回答は、日本語学科二百二十四人、非日本語学科二百三十五人、合計四百五十九人から得られた。使用言語は中国語としたが、日本語で回答した学生もいた。

調査項目は、①好きなアニメは何ですか、②日本のアニメのどこが好きですか、③日本のアニメのどこが嫌いですか、④台湾のアニメをどう思いますか、⑤台湾でアニメを作るとしたら、どんなアニメが見たいですか、⑥台湾の幽霊・妖怪で知っているものをあげてください、⑦幽霊・妖怪もので好きな作品（漫画・アニメ・ゲーム・小説・映画）はありますか、⑧「魔神仔」を知っていますか（知っている人に）どんなものですか、の八つ。アニメ制作のプロデューサーの要請に応えたもので、本格的なアンケートの実施に向けてのプレ調査だったが、なかなか興味深い結果が得られた。他日、機会があれば報告してみたい。

なお、右のアンケートとは別に、私も南台科技大学の学生五十一人を対象に、「魔神仔」に関するアンケートを二〇一六年秋におこなっている（この調査実施中に右のアンケートをすることが決まり、頓挫した。学生たちには申し訳ないことをした）。

ただ、本文でふれた「モシナの「鬼」化」の問題を考えるのには、頓挫したこのアンケートの結果は興味深い。五十一人のうち、「モシナとは何か」という設問に、三十三人が「鬼」のことだと回答した。また、「モシナと鬼は同じか」という設問には、三十七人が「同じ」と回答し、十四人は「違う」と回答した。若い世代では、モシナと鬼を同一視する傾向が強いことがわかる。

そのほか、興味深い回答が多いのだが、ふれる余裕がないのが残念だ。ただ、「モシナはどんな行動をするのか」という設問に対して、「良い人は手助けをし、悪い人は懲らしめる」と回答した学生が八人いたのは特筆に値する。「鬼」化とともに、人助けをするモシナも生まれつつあるようなのである。気まぐれに人助けをするのも、日本的な妖怪イメージに接続するように思われる。

(23) 現代台湾の若年層の鬼の話については、前掲『現代台湾鬼譚』を参照。

[付記] 近年の台湾では「妖怪」を題材とした読み物が多く刊行されていて、ちょっとしたブームの様相を呈している。また、ここ一年ほどの傾向としては、アカデミズム方面でも「妖怪」が取り上げられるようになっている。目についたものだけでも、『唯妖論——台湾神怪本事』(台北地方異聞康作室編、青Ching/金芸萱/SFF・絵、奇異果文創事業、二〇一六年)、文芸雑誌「聯合文学」二〇一七年二月号(聯合文学出版社)の「妖怪特集」、「幼獅文芸」二〇一七年十一月号(幻獅文化事業公司)の「少女見妖収鬼実録」という特集などがある。本章で取り上げた林美容も『台湾鬼仔古——従民俗看見台湾人的冥界想像』(月熊出版、二〇一七年)という一般書を刊行している。伝統として発見されたのち、サブカルチャーの素材となり、やがて学界での研究対象になるという流れは、日本の妖怪の展開を気味が悪いほどになぞっている。

第7章　東アジアの小鬼たち

1　お人よしの水鬼

近頃、台湾で『河童礼』という絵本が刊行された。[1]「礼」は「儀礼」「儀式」の意味。日本統治時代の台湾が舞台で、思春期の少年たちが、大人への階段を上る際の通過儀式として川を泳ぎきるというルールを自ら作り、挑戦する話だ。

作者の傅林統は日本統治時代の一九三三年生まれで、十二歳までは日本人として育った。『河童礼』も、老人が少年時代の思い出を孫に話して聞かせるという形式をとっている。作者自身の体験を反映しているのだろう。興味深いのは、作中の少年が、「この儀式をすませると、河童になるんだ！」と話している点である。少年は、日本語で「カッパ」と言っている（ルビが振られている）。

そして友達に「河童って何?」と聞かれて、「河童ってのは、川の中にいて、神秘的で、やんちゃで、いたずらもするけど、人を助けることもあって……」と説明している。

この知識を、少年はどこから得たのだろう。日本人の友達か先生から聞いたか、あるいは日本の童話で読んだのか。いずれにせよ、植民地時代の状況の下、日本の河童が海を渡って台湾に泳ぎ着いていたのは間違いない。

図10　傅林統・文、江蕙如・絵『河童礼』(国立台湾文学館、2015年)のカバー

少年が、「河童」をどのようにイメージしているのかは定かではない。本文では特に描写がないからだ。絵を描いた江蕙如は、「頭の皿」「くちばし」「甲羅」「水かき」「緑色の皮膚」「子どものような体格」……といった記号の集合体として、つまりは江戸時代以来の文献に描かれた「河童」のビジュアルで描いている。(2)

しかし、民俗資料として報告された河童で、右にあげた要素がすべて描写されることは少ない。聞き手・読み手が、脳内で「河童」のビジュアルを補完しながら話を聞く/読むわけである。遠野の河童は赤いというが(『遠野物語』だけでなく、戦後でもそういう証言が多かった(3))、そうした特徴も既成の「河童」イメージにかき消されてしまう。事実、観光資源としての遠野市の河童は、前述の通俗的「河童」イメージに沿って、デザインされている。

通俗的な「妖怪」からビジュアルイメージを剝ぎ取り、行動に着目してみると、また異なった視点を導入できるのではないだろうか。ここで取り上げるのは、台湾の「水鬼《シュエグェイ》」、すなわち溺死者の幽霊である。片岡巖『台湾風俗誌』には、次のような記事がある（句読点は改め、漢字は新字体に統一した）。

或人、台北北下崁庄の河岸より、徒歩にて河を渉り行くものあり。中途にして声を揚げて救ひを呼ぶ。偶々傍らに耕人あり、走つて之を救ふ。彼人曰く「道路と見誤りて河の深処に歩み行きたるものなり」と云ふ。人曰く「之れ水鬼の誘ふ所なり」と。蓋し、水鬼とは水難にて死せしものゝ魂魄にして、水中に潜んで人を誘ひ、溺れしむるものなりと云ふ。(4)

話のなかに、水鬼が登場していないことに留意したい。解釈装置（第5章を参照）としての水鬼である。

水鬼を「水難にて死せしものゝ魂魄」と説明しているが、これはいわゆる「地縛霊」のことだ。日本でも、不幸な死に方をした者の霊がその場所に残って近づく人を殺すという怪談は多い。ただ、日本の地縛霊は何のために人を殺すのかが不明だが、台湾の鬼には明確な理由がある。みずからが成仏するために、身代わりとして人を殺すのだ。これを「替死鬼《ティースーグェイ》」という。(5)鬼に殺された者は、新たに鬼になって次の身代わりを探すことになる。「鬼ごっこ」という児童の遊びがこれに由来するかは知らないが、原理は同じである。

『現代台湾鬼譚』でもふれたが、「水鬼」という語は現在でもよく使われている。(6) 子どもに対する教育的配慮を含んだ警句のなかで、「川に入ったら、水鬼に連れていかれるよ」という具合に使用される。日本でも、河川や池沼への立ち入りを禁止する看板に、河童のイラストが描かれることはあるが、母親が子どもに「河童が出るよ」と言うケースはもう少ないのではないだろうか。台湾の水鬼には、日本の河童が失ったリアリティーがある。

新聞やテレビなどのニュースの見出しにも、しばしば「水鬼」という文字が躍る。次に、二例要約して紹介する。

Sさん(記事では実名)が、棲悟港(台中市)で釣りをしていたとき、使っていない釣り竿が海に落ちた。Sさんが拾おうとすると、釣り竿は沖のほうにぴょんぴょん飛んで遠のき、どうしても拾えない。「水鬼だ!」と思ったSさんは、慌てて道具を片づけて家に帰った。Sさん曰《いわ》く、「あのまま釣り竿を追っかけていったら、もうこの世にいないかもしれない」。翌日、Sさんは銀紙(死者に供える冥銭)を燃やして、水鬼に捧げた。

ある男性が、同僚三人と、暑気払いに近所の池で泳いでいた。すると、泳ぎが達者なはずのその男性が、突然、溺れた。男性は水中から誰かに引っ張られているようで、同僚たちが手を引いて助けようとしても、なかなか引き上げられない。ようやく陸に引き上げられた男性の足

には、誰かにつかまれたような痣《あざ》があった。以降、この池には水鬼がいるという噂が立ち、村人たちは近寄らなくなった。(7)

典型的な水鬼の話である。水鬼は、水中に潜んでいて姿を見せずに人に襲いかかり、命を奪う。百年前の『台湾風俗誌』の水鬼と何ら変わらない。

引用では省略したが、後者の記事では「水鬼」の別名として「水猴」を紹介している。(「猴」は「猿」の意)。「水中に潜んでいる悪霊の顔が、猿に似ているから」と説明しているが、日本の中国・四国地方で伝承されているエンコウ(猿猴)、フチザル(淵猿)、カワザル(川猿)などの水の妖怪たち(河童の別名とされることが多い)との共通点が見いだせる。

林美容と李家愷の著書にも「水猴」に関する記述がある。(8) ただ、水鬼やモシナとの共通点が多いと述べてはいるものの、同じものとはしていない。また、林と李の著書には、水鬼に似た水辺の妖怪として、ムンスン(台湾語。漢字表記は「夢倀」)が紹介されている。ただ、台湾の同僚や学生たちに聞いたところでは、水猴もムンスンも知名度は低い。水鬼、水猴、ムンスンと、モシナの関係については、今後の研究がまたれるところだ。

台湾の水鬼には、日本の河童が失った死と暴力の臭いが濃厚に残っている。しかしその一方で、のんきな水鬼の話もある。「水鬼変城隍(水鬼、城隍となる)」という昔話(もしくは伝説)で、台湾ではそれなりに知られた話である。

昔、ある川に水鬼がいた。はやく生まれ変わりたくて、身代わりを探していたが、辺鄙な場所なのでなかなか人が来ない。ある日、水鬼は漁師を川に引きずり込むが、言葉巧みにあしらわれたあげくに、大事な「鬼牌」（鬼の身分を示す札）を奪われ、閻魔大王に怒られる始末。困り果てた水鬼は、漁師に頼み込んで、鬼牌を返してもらうが、そのかわり、漁の手伝いをする約束をさせられてしまう。

水鬼は律儀に約束を守って、漁を手伝った。水鬼が川の魚を追い込み、それを漁師が獲るという方法である。水鬼のおかげで毎日が大漁だった。そのうち、二人の間に奇妙な友情が生まれる。

ある日、水鬼は身代わりの老婆を見つけ、川に引きずり込もうとするが、漁師に妨害されて失敗する。その後も、水鬼が身代わりを見つけるたびに、漁師はじゃまをする。そんなことが繰り返されているうちに、水鬼も身代わりを探す気がなくなり、毎日、猟師と魚を獲って楽しく過ごすようになった。そうして日々が過ぎていった。

そんなある日、水鬼が猟師のところに現れ、別れのときがきたと告げる。漁師が訳を聞くと、身代わりを探そうとせずに、毎日、せっせと働いている水鬼に感心した玉皇大帝（天上の最高位の神）が、「城隍爺」（土地の神）に取り立ててくれたのだという。漁師が祝いの言葉を述べると、水鬼は礼を言って去っていった。

後日、漁師が城隍廟に行くと、見知った顔の神さまが祀られていた。そう、あの水鬼だった。(9)

後半の展開はいくつかバリエーションがあるが、水鬼と漁師の間に友情が生まれる点は共通している。とぼけた味わいがある話で、ここには凶悪な水鬼の面影はない。「城隍爺」は、もともとは「城堀を守る神」のことだが、時代が下るにつれ、地域の守り神、死者を審判する神へと変貌していった。地縛霊で、死者の品定めをする水鬼にふさわしい役職である。

私は、この話の愛嬌がある水鬼などが、キャラクター化・マスコット化の可能性を秘めていると思う。人間との距離感や関係性が、日本の河童と近いからである。

2 『台湾風俗誌』の鬼神たちと、沖縄のキジムナー

「水鬼変城隍」は絵本や童話にもなっているが、問題になるのは、水鬼をどのようにビジュアル化するかという点である。日本の「河童」と違って、「水鬼」には固定したビジュアルイメージがない。溺死者の霊なので怪談ならば水死体として描けばいいが、この話の場合は、児童向けという点からも話のテイストの点からも、そういうわけにはいかない。現在、流布している「水鬼変城隍」の絵本を見ると、白い死装束姿や生前の服装のまま描くことが多いようだ。

ところで混同されがちだが、「キャラクター化」と「マスコット化」とは意味が異なる。(10)

「妖怪がキャラクター化される」というのは、怪異現象の背後に、それを発動させる意志をもった怪異主体が想定されていて、その怪異主体の容姿や行動などの異同が捨象され、統一されたイメー

ジをもつようになることを意味する。必ずしも、かわいらしさが求められているわけではない。例えば、水泳の達者な者が溺死したとき、人は怪異主体として「河童」を想定する。そこに前述したような「頭の血」や「くちばし」「甲羅」「水かき」「子どものような体格」などの要素がイメージされたとき、キャラクターとしての「河童」が立ち上がってくるが、人を死に追い込む以上、かわいらしい存在であるはずがない。グロテスクな水の怪物としての「河童」像である。

それに対して「妖怪がマスコット化される」というのは、市町村や企業などの集団を象徴するものとして表象するために、妖怪が本来もっていた負の要素をそぎ落とし、かわいらしく造形することを意味する。「河童」の例でいえば、両生類を思わせるグロテスクな各要素を漫画チックにデフォルメすることだ。その意味で、「マスコット化」は「キャラクター化」の次の段階といえるが、実際には「キャラクター化」と「マスコット化」が同時におこなわれることもあり、事態をややこしくしている。

さて、「水鬼」は溺死者の霊で、日本でいうなら「水辺の地縛霊」のことだが、「人を水中に引きずり込んで殺す」という行動に注目すると、日本の「河童」と比較することができる。さらにいえば、現代日本の実話怪談にもしばしば登場する「水辺の地縛霊」と「河童」との比較も可能になる。いまでは忘れられてしまった「河童」に対する恐怖心を「水辺の地縛霊」の怪談を通して見ることもできるのだ。(11)

また、この「妖怪」「幽霊」という語を外国語に翻訳したときにどうなるのか（翻訳できるかという問題も含めて）という点を考えると、いろいろと興味深い話題を提供できる。例えば、中国語の場合はどうだろうか。

日本語の「幽霊」を中国語訳すると、一般的には「鬼《グェイ》」がそれにあたるとされる。中国語の「鬼」という字が日本に伝わったのち、長い時を経て日本語の「オニ」へと変遷していく様子については先学による研究がある[12]。

他方、中国語でも「幽霊《ヨウリン》」という語は用いられる。語史についてはともかく、少なくとも現代台湾では、日本語と同じ意味で「幽霊」の語を使っている。ただ、台湾の知人たちに聞くと、台湾在地の「鬼」に比べると、「幽霊」は外国のものという意識があるようだ。ちょうど、日本人が日本在地の「幽霊」と欧米の「ゴースト」を何となく使い分けているように、である（「お岩さんの幽霊が出た」とは言っても、「お岩さんのゴーストが出た」とは言うまい）。では、「妖怪」はどう中国語訳されるだろうか。

現在の台湾では「妖怪《ヤオクアイ》」という語は定着しているが、それは日本の漫画やアニメ、ゲームなどの影響で、外来語としての意味合いが強い。人気を博している「渓頭妖怪村」（第9章「妖怪が生まれる島」を参照）というテーマパークはそれを示す好例で、そこで造形されているのは、例えば鼻高天狗の面のオブジェだったり赤い鳥居だったりと、台湾人にとっての異文化である「日本」を表象したものだ。

しかし、「妖怪」に相当する語彙はないものの、「祀り上げられていない超越的存在[13]」（小松和彦による「妖怪」の定義）で、人に由来しないモノの伝承は台湾にもある。例えば、前掲の片岡巌『台湾風俗誌』の第三章第二節「鬼神に対する迷信」には、三十種に及ぶ怪異主体が紹介されている。片岡はそれらを「鬼神」と総称しているが、現在用いられている「幽霊」と「妖怪」が混在している。というより、そもそも「鬼」には両方の意味があるのだ。

例えば、「祀る人なき無縁の死霊、怪物となりしもの」だという「乞食鬼《チッチアクイ》」「好兄弟《ホオヒアテイ》」「普度公《ポオトオコン》」（このうち「好兄弟」は、現在も鬼の隠語として使われる）、「斬罪又は馘首せられたものゝ死霊、怪物となりしもの」だという「無頭鬼《ボオタウクイ》」、「餓鬼に似たるもの」だという「大食鬼《トアチアクイ》」、「水中に入りて溺れ死せし死魂」だという「水鬼《ツイクイ》」、「縊死絞死者等の霊魂」だという「吊頭鬼《テアウタウクイ》」、「遠方に到り死したる人の霊魂鬼となれるもの」だという「客死鬼《ケイシイクイ》」……などは、明らかに「幽霊」の範疇に入れられるべきモノである。

一方、「丈高《セイタカ》入道とも云ふべきものにてひょろ〳〵丈け高き鬼なり」と説明される「竹篙鬼《テッコオクイ》」や、「大兵肥満便々たる腹を抱へ居るものにて所謂大入道なり」と説明される「布袋鬼《ポオテイクイ》」、「極めて丈け矮小なる怪物にして所謂一寸坊主なり」と説明される「矮仔鬼《エエアアクイ》」や、「一見山姥の如き怪物なり」と説明される「老母鬼《ラウブウクイ》」、「雨傘状にして一足雨降る夜出で行くもの、所謂雨夜の一本足と同じ」と説明される「雨傘鬼《ホオソアクイ》」などは、それぞれ日本の例（「丈高坊主」「大入道」「一寸坊主」「山姥」「雨夜の一本足」）が引き合いに出されているように、死者の霊たる「幽霊」ではなく、いまの日本語の「妖怪」に近い存在だといえる。「石榴《ざくろ》の口を開きたる如く大口を開き居るもの」という正体不明の「石榴鬼《シアリウクイ》」という怪も、「妖怪」の範疇に入れられるだろう。前章で取り上げたモシナも「毛生仔《モオシンナア》」は小児の姿にして毬栗頭をなし能く小児を捕ふる怪物なり」と紹介されている。モシナを小児の死霊とする伝承もあるが、『台湾風俗誌』の記述からは判断しがたい[14]。

このように、かつて台湾の夜には、死霊（人の死後の姿）とは別種のモノたちが跳梁していた。現代日本なら「妖怪」と称されるこれらの怪異主体を、台湾では何と称するのだろう。

日本語の「妖怪」に相当する語を、中国語の語彙から拾うならば、「鬼」のほかに「仙」「精」「妖」「怪」「魅」「魔」あたりが適当だろう。低次の「神」も入れていいかもしれない。(15) しかし、学術レベルではこれらの怪異主体を総称する用語が台湾ではいまだに提唱されておらず、定義もされていない。台湾人の心意に大きく影響を与えてきたはずのモシナが、研究の俎上に載せられる機会が少なかったのも、そうした理由によるとおぼしい。怪異伝承を研究するうえで、「妖怪」に相当する概念を導入することの意味はこうした点にある。学術用語を導入することは、研究領域を創出することにもつながるからである。(16)

ところで、日本と台湾の中間に位置する南西諸島にも、多種多様な「妖怪」たちがいる。沖縄のキジムナーやブナガヤー、アカカネジャー、ボージマヤー、セーマ、ヤンバサカー、そして奄美のケンムンなどの伝承である。

黄昆堅さん（第6章を参照）は、神でもなく鬼でもないモシナを「小鬼《こおに》」と表現していたが（西欧の「妖精」の意味で用いていた）、こうしたアジアの小鬼たちの系譜に、沖縄のキジムナーや台湾のモシナ、あるいは日本のカッパやザシキワラシなどを入れることができるだろう。(17)

モシナとキジムナーには、共通点が多い。キジムナーの特徴である「小児の姿」「赤い顔」「赤い髪」「赤い体」……は、モシナの特徴の一部（「小児の姿」「猿のよう」「赤い服」「赤い帽子」「赤い髪」……）とも通じるからである。山中を棲みかとして、人にいたずらをする点も似ている。琉球弧の南端に位置する台湾に、キジムナーの伝承が流れ込んでいる（あるいは、その逆）とするのは無理な想像ではない。

ブナガヤー、アカカネジャー、ボージマヤー、セーマらは、キジムナーと同一伝承とする見解もある。ここでは、南西諸島の小鬼たちを「キジムナー」と総称したうえで、モシナと比較してみる。とはいえ、現時点ではモシナのデータは少なく、本格的な比較はできないが、大まかな見通しは立てられるだろう。以下、思いついたことを五点あげる。

一点目は、人間との関わり方の問題。いたずらを仕掛けはするものの、キジムナーは必ずしも人間と敵対しているわけではなく、富をもたらすこともある。例は多くないものの、キジムナーを祀

図11　キジムナーのマスコット
（出典：「琉球村」〔https://www.ryukyumura.co.jp/s/official/events/detail/32/〕）

った祠もある。いたずら好きのモシナも極端な悪意をもって人間に近づくことはまれだが、富をもたらすようなことはなく、祀られることもない。

二点目は、観光との関わり方の問題。現代のキジムナーは、沖縄を象徴する存在としてかわいらしくマスコット化され、観光資源として活用されている。イメージの統一化も進んでいて「赤髪半裸の男の子」という姿が典型的なキジムナー像となっている。こうした状況は、少なくとも現時点(二〇一七年)の台湾でのモシナを取り巻く環境にはない。

三点目は、出自の問題。ガジュマルの木に棲むといわれるキジムナーは、語源が「木の精」であることからもわかるように、出自がはっきりしている。この点は奄美のケンムンも同様である。それに比べると、モシナは出自がはっきりしない。横死した子どもの霊をモシナとするケースもあるが、それよりも自然界に初めからいる精霊としての側面のほうが強い。

四点目は、出現場所の問題。モシナの出現場所は山中や草原などが多く、「金縛り」の原因とされる例以外では街なかに出ることは少ない。キジムナーも同様だが、モシナと異なって海にも現れ、好んで魚を食べる。また、漁師の船に乗り込んできて一緒に魚を捕るという伝承もある。台湾も沿岸部では漁業が盛んだが、モシナにはついぞそういった話がない。[18]

五点目は、口承文芸のなかでの立ち位置の問題。キジムナーは世間話、伝説だけではなく、昔話としても伝承されているが(「キジムナーと友達」という話型)モシナが昔話として語られている例は見当たらない。また、モシナが頻繁に出る場所があり、それが地名化した例はあるが(新北県の魔神仔窟)、基本的には伝説としても伝承されていない。[19]

3 韓国人アイデンティティーとトケビ

先ほど、南西諸島の類似妖怪（ブナガヤー、アカカネジャー、ボージマヤー、セーマ、ヤンバサカー、ケンムン……など）の総称を「キジムナー」としたが、これはもちろん便宜上の措置であり、大いに問題がある。より深く探求しようとするなら、個別の事例を慎重に検討しなければならない。共通点が多いからこそ、相違点にも気を配る必要がある。

この点について、原田信之は「おそらく、かつては島ごとに独自の妖怪伝承が存在したのであろうが、伝播力の強い首里王府の文化と共に沖縄本島のキジムナー伝承が各島にもたらされて今日のような伝承状況となったものと推定される[20]」と述べているが、説得力がある説だと思う。日本本土と沖縄の間の支配／被支配の関係についてはよく取り沙汰されるが、沖縄内での（より正確にいうと、琉球王国内での）支配／被支配の関係については、あまりふれられる機会がなかった。

これは本土の河童研究にも援用できる考え方である。メドチ、エンコウ、カワタロウ、スイコ……といった怪異主体の名が方言とされ、カッパという統一名が与えられるにいたった背景には、広義の政治の問題があった。ことによると、台湾のモシナにも同様の経緯があったかもしれない。

提案なのだが、こうした類似妖怪に総称を与える場合、「キジムナー類」といった呼称はどうだろうか。例えば、「カッパ類」「テング類」といったふうにすれば（それでも上位概念・下位概念という問題は残るが）、事態はいくぶん改善されるのではないだろうか。

ともかくも、現在、キジムナーは、沖縄を象徴する存在として可愛らしくマスコット化され、観光資源として活用されている[21]。

例えば、沖縄テレビの「ゆ〜たん」や、テーマパーク「琉球村」の「キム」は、いずれもキジムナーに想を得ている。また、沖縄市では例年「キジムナーフェスタ」という演劇祭を催しているが、そこでのマスコットもキジムナーである。先に述べたように、イメージの統一化も進んでいる。民間伝承を換骨奪胎して進められるキジムナーのキャラクター化・マスコット化の様相は、岩手県遠野市の河童・座敷童子などのそれを彷彿とさせる。

先にも述べたように、キジムナーのビジュアルイメージは鮮烈で、台湾のモシナ伝承の一部を思い起こさせる。しかし、これも繰り返しになるが、ビジュアルイメージがあることと「見える」ことは必ずしも同じではない。

与論島（現・鹿児島県。十九世紀以前は琉球王国の支配下にあった）の妖怪伝承を調査したマッザロ・ヴェロニカは、「見える／見えない」の問題について興味深い指摘をしている。ヴェロニカによると、与論島の妖怪は、「一般可視型（誰にでも見えるもの）」「特殊可視型（霊感の持ち主にだけ見えるもの）」「非可視型（誰にも見えないもの）」の三種に分類されるといい、また、非可視型妖怪の伝承については聴力が重要だとしている[22]。

興味深いのは二番目の「特殊可視型」である。このケースの場合、妖怪が見えるのは「特殊」な人（巫覡《ふげき》の類いだろう）かもしれないが、そうした人を通して得られたビジュアルイメージは、見えない人の間にも広まると思われるからである。

妖怪がビジュアルイメージを得るのには、さまざまな背景がある。この点について考えるのに適しているのは、韓国のトケビ（「トッケビ」「ドッケビ」とも表記される）である。モシナとの比較対象としても面白い。トケビとは何か。慣用句から考えてみたい。

慣用句とは、日常を切り取って異化させることで成り立つ。そして、そこに伝承が入り込む。以下、齊木恭子の論考から事例を拾う(23)。

例えば、道に迷ったときに用いられる慣用句「トケビに惑わされたのか」からは、トケビの「迷わし神」（第5章を参照）としての側面がうかがえる。「何事も後ろ盾が重要」という意味で用いられる慣用句「トケビも森があってこそ集まる」からは、トケビが山中を棲みかとすることがうかがえる（もっとも、海浜に出るトケビの伝承もあるが）。時と場をわきまえない人をたしなめるときに用いられる慣用句「昼に出るトケビのようだ」からは、本来、トケビは夜に出るものだという観念があることがうかがえる。以上にあげたトケビの特徴は、おおむねモシナについても当てはまり、そこから伝承の場を想像することもたやすい。

一方、急に金回りがよくなった人に対して用いられる「トケビの砧でも手に入れたのか」という慣用句は、トケビの財神としての性格をよく表しているが（この「砧」が日本の「打ち出の小槌」を連想させて興味深い）、前節のキジムナーとの比較の際にも述べたように、幸福をもたらす性質はモシナにはない。

齊木は、崔仁鶴が収集した資料を概観して、トケビの性格を「怖い存在でありながら、概して呪宝神的である」とし、さらに「親孝行な息子や貧しい者にとっては福を、親不孝な息子や欲深な者にとっては禍をもたらす両義的な」存在だとしている。[24]両義性は、トケビについて論じるとき、しばしば話題になる点である。こうした善因善果・悪因悪果をもたらす話はモシナにはない。モシナは、誰彼かまわずに相手を災難に遭わせる。

それでは、視覚イメージの点からトケビとモシナを考えるとどうなるだろうか。

漢字表記で「独脚鬼」と書くように、トケビは一本足の怪とされる。[25]日本の「一本だたら」や中国の「山魈」のような類似の怪がいることから、これが広く東アジアに伝承圏を有する妖怪であることがわかる。雪の朝、トケビが歩いた丸い足跡が点々と残っているという伝承も、日本の一本足妖怪（「雪入道」「雪婆」など）と酷似している。しかし、モシナが一本足だという伝承は調査の限りではない。

ヴェロニカも指摘しているように、ビジュアルイメージの有無は、妖怪を論じる際の一つの切り口になる。

崔仁鶴は、トケビを「可視的なもの」と「非可視的なもの」の二タイプに分類している。[26]前者は箒、火かき棒、杵など、トケビの正体とされる器物や火の塊など、後者は各種の怪音（家を壊す音、雹が降る音、門をたたく音、犬の鳴き声、口笛、馬の足音など）である。非可視的なトケビが、いずれも聴力によって認識されている点に留意したい。

また、金学善は、子ども・娘・老人など「人の姿」のトケビと、器・お盆・ハンマーなどの「物」の姿のトケビ、ケンガリ（金属製の打楽器）、銅鑼など「楽器」の姿のトケビの三種に分類している。[27] 大別すると、人形《ひとがた》の怪のトケビと、器物の怪のトケビの二種類があることになる。ほかにトケビの正体を棒だとする話もあり（これが一本足の由来となっている）、器物の怪としてのトケビは民間伝承には根強い。このような韓国のトケビに見られる多様性・多義性は台湾のモシナにも、沖縄のキジムナーにもない。

もっとも、現在の韓国のトケビのイメージは、人間の姿をしているものがほとんどである。それも「虎柄のパンツをはき、頭に角を生やし、長い棒を持った半裸の男」といういわゆる日本の「鬼」に類似したイメージが定着している。この点は植民地統治時代に日本の鬼のイメージが混入したという指摘があり、日本の影響を受ける前の韓国固有のトケビを復元あるいは創造すべきだという意見が強まっている。

しかし、人的交流が深い隣接する文化圏で、双方の伝承が類似していくのは当然のことである。トケビのビジュアルイメージの形成過程を追った朴美暻は、在地伝承のトケビに視覚イメージが乏しいことを述べたうえで、「日本のオニのイメージを避けて新しいドッケビのイメージを作ろうという発想や、ドッケビのオリジナリティー論争は、無意味なものではないか[28]」としている。

そもそも、何をもって「韓国固有」とするのかも明確には定めがたい。「日本固有」「沖縄固有」「台湾固有」という言い回しについても同じだ（台湾の場合は、さらに中国との関係というやっかいな問題を抱えている）。トケビの原形を探る動きは、ひとえに現代韓国での日本の植民地時代に対する評価の所産と考えるべきだろう。

むしろ注目すべきは、そうした国内世論の動向によって変容していく、トケビ伝承の様相そのものである。妖怪に限らず、近代植民地政策による伝承の流入と流出、ならびに植民地統治終了後の当該地域の人々による伝承の扱い（異文化の流入を認めるか、それを排して「原」文化を復権させるか）は、デリケートな問題ながら注意を払う必要がある。ナショナルアイデンティティーの高まりのなかで、トケビは民族の象徴になりつつある。

台湾のモシナと韓国のトケビとを比較していて個人的にもっとも興味を引かれるのは、この点である。現代韓国のトケビにみられる民族主義的イデオロギーが、台湾のモシナにはない。今後、トケビが、朝鮮民族の象徴たりうる存在に成長するかは、まだわからない。さまざまな思惑を包み込みながら、いまはサブカルチャーのなかで、トケビは飛び回っている。

ときとして、妖怪は、神よりも地域住民の、ひいては民族のアイデンティティーと結び付く[29]。台湾にも民族のアイデンティティーと結び付いた妖怪が生まれる日がくるのか、生まれるとしたらそのときの「民族」とはどういったものを指すのか、注意深く見守っていきたいと思う。私は、モシナがその役割を担うのではないかと予想している[30]。

注

（1）最近の台湾では、日本統治時代をノスタルジックに表象した映画が多く作られているが、傅林統・文、江蕙如・絵『河童礼』（〔台湾児童文学叢書〕、国立台湾文学館、二〇一五年）もそうした流れをくむ一冊といえる。代表として、『海角七号――君想う、国境の南』（監督：ウェイ・ダーシェン、二〇〇八年公開)、『KANO——1931海の向こうの甲子園』(監督:マー・ジーシアン、二〇一四年公開)、『湾生回家』(監督:ホアン・ミンチェン、二〇一五年公開)などをあげておく。

(2)前掲『河童礼』に描かれた「河童」たちは、山椒魚、亀、魚類などをモチーフにしていて、日本の通俗的な「河童」のビジュアルに沿いながらも、微妙にずれている(おそらく、意図的にずらしている)。しかし見方を変えると、江戸時代の書物の図版に見られる多様な「河童」像に近いともいえる。河童に関する先行研究は膨大な量になるが、キャラクター化された現代の通俗的「河童」イメージについて論じたものに、松村薫子「河童の町おこし——キャラクター化する河童」(国立歴史民俗博物館/常光徹編『河童とはなにか』〔歴博フォーラム民俗展示の新構築〕所収、岩田書院、二〇一四年)がある。

(3)高橋貞子『河童を見た人びと 増補新版』(岩田書院、二〇〇三年)にも、「赤い顔」の河童の例が多く収録されている。ザシキワラシなどの童形妖怪の系譜に連なる河童のイメージだが、遠野市のマスコット・キャラクター「カリンちゃん」も、一般的な緑色の「河童」の姿でデザインされている。

(4)片岡巌『台湾風俗誌』台湾日日新報社、一九二一年。一九九四年に、南天書局(台湾)から復刻本が出ている。

(5)「替死鬼」については、前掲『鬼趣談義』を参照。古典籍にも類例が多く見いだされ、中国民族の伝統的な霊魂観に基づくものであることがわかる。

(6)前掲『現代台湾鬼譚』

(7)最初の話は、「台湾水鬼」(http://tingyi444.pixnet.net/blog/post/256410272.htm)、あとの話は「紙銭的用途」(http://blog.xuite.net/sw251666/twblog/188938431.htm)からの引用だが、いずれも現在はリンク切れ[二〇一四年十二月十八日アクセス]。

(8) 林美容と李家愷は、モシナと水鬼の最大の違いは、人々がそれらに抱く感情にあるとしている。モシナはあまり人に恐怖心を抱かれないが、水鬼は非常に恐れられる。こうした人々の感情に基づいた分類は、日本の妖怪研究にも益するところ大だろう。前掲『魔神仔的人類学想像』

(9) 引用は、「水鬼変城隍(台湾民間故事)」(「民間故事」〔http://library.taiwanschoolnet.org/cyberfair2002/C0239220021/008/story/01main.htm〕〔二〇一七年八月アクセス〕)によった。二〇〇五年に林継雄が児童文学としてリライトしたものとのことで、元ネタは一九五二年だというが、詳細は不明。創作部分もあると思われる。なお、「水鬼変城隍」を題材にした児童文学作品に『水鬼変城隍』(頼淑吟、天慧、二〇〇〇年)、『水鬼変城隍』(上人文化、上人文化出版社、二〇〇九年)などがあるほか、演劇化もされている。

(10) この点については川森博司や香川雅信に論考があり、参考になるが、「キャラクター化」という語に「マスコット化」の意味を含ませて使用されている。川森博司「町が化ける――まちづくりのなかの民俗文化」、常光徹編『妖怪変化』(ちくま新書、「民俗学の冒険」第三巻)所収、筑摩書房、一九九九年、前掲『江戸の妖怪革命』

(11) 河童のリアリティーは失われたが、水辺の幽霊にまつわる怪談は、いまでも現役で話されている。左記は釣り人たちの間でささやかれていた怪談を集めたものだが(どこまでが創作なのかは不明)、人を水中に引き込むなどのかつての河童の行動が、幽霊のものとされている点が興味深い。つり人社出版部編『水辺の怪談――釣り人は見た』つり人社、二〇〇三年

(12) 「鬼」という語の日本における語史には各種の先行研究があるが、歌人の馬場あき子のものがわかりやすくまとめられている。馬場あき子『鬼の研究』三一書房、一九七一年

(13) 前掲「妖怪とは何か」

(14) ルビは前掲『台湾風俗誌』の原文によった。北京語ではなく台湾語である。また、引用に際しては、一部、読点を補った。

(15) 本文にあげた諸概念については、橋本尭の論考が参考になる。橋本は、古代中国の神が醜悪な容貌をしていることを指摘したうえで、神と鬼の近似性を説いている。また、三尾裕子は、王爺を例に、祀り上げることによって、鬼が神化する例をあげている。これらの諸概念は固定的なものではなかった。橋本尭「〈神〉〈鬼〉〈妖怪〉の関係――中国小説史のために」「表現学部紀要」第六号、和光大学表現学部、二〇〇五年、三尾裕子「〈鬼〉から〈神〉へ――台湾漢人の王爺信仰について」、日本民族学会編「民族学研究」第五十五巻第三号、日本民族学会、一九九〇年

(16) 第9章で詳述するが、個人的には、前掲『妖怪台湾』が台湾での妖怪研究の枠組みを作るのではないかと考えている。ただし、日本語の「妖怪」がそうだったように、術語を定めることによって見えなくなるものがあることには留意すべきだ。また、アカデミズムのなかに取り込まれることによって伝承が変容することも考えられる。

(17) キジムナーと本土のザシキワラシは、行動に類似点が多く、比較対象になりやすい。辻雄二は、キジムナーには、ザシキワラシとカッパの両方の要素が見られるとしている(辻雄二「キジムナーの伝承――その展開と比較」、日本民俗学会編「日本民俗学」第百七十九号、日本民俗学会、一九八九年)。また、赤嶺政信は、キジムナーと建築儀礼の関わりを論じている(赤嶺政信「キジムナーをめぐる若干の問題」、沖縄県文化振興会編「史料編集室紀要」第十九号、沖縄県教育委員会、一九九四年)。赤嶺は指摘していないが、ザシキワラシにも建築儀礼に関わる伝承がある。中村史は、家の神としてのキジムナーに言及している(中村史「沖縄・豊見城村のキジムナー話」「小樽商科大学人文研究」第九十五号、小樽商科大学、一九九八年)。

(18) 南台科技大学の学生だった蘇秀明さん(二〇一五年卒業)によると、彼女の故郷の澎湖諸島(台湾島と大陸の中間に位置)には、魚の目玉を食べる妖怪の話があるそうだ。キジムナーも魚の目玉が好物なので関連が見いだせる。以下は、内容の要約。蘇さんはこの話を祖母から聞いたという。比較的最近の話らしい。

「昔、澎湖諸島に半農半漁の生活をしている男がいた。

ある初夏の満ち潮の日、男はたくさん魚を獲って、魚籠に入れて帰った。ところが、家についてみると、魚籠のなかには一匹の魚もない。おかしいと思った男が、懐中電灯をもって、帰りに通った道を確認してみると、半分食べられた魚が、等間隔に一匹ずつ点々と落ちている。怖くなった男は一目散に家に帰り、ことの次第を妻に話した。妻は男を廟に連れていき、お祓いをしてもらった。

それからしばらくは何事もなく、平穏な日々が続いた。気持ちが落ち着いた男は、また漁に出て、魚をいっぱい魚籠に入れて家に帰った。ところが、帰宅した男がシャワーを浴びているとき、妻が悲鳴をあげた。魚籠のなかの魚は、すべて誰かに目玉をくり抜かれていた。夫婦はまた廟に行って、お祓いをしてもらった。

この怪事件は、またたく間に村中に知れわたった。古老の話によると、そうしたことは、以前からこの村では起こるのだという」

この話との関連は不明だが、前掲『妖怪台湾』(第9章を参照)には、同じ澎湖諸島に伝わる、鮫人という妖怪(?)の話が載せられている。鮫人の棲みかに行くと、人魚の目玉が落ちているのだという。土地の歌謡に歌われているとのこと。

(19) 教科書的な定義を書くと、「昔話」は時代に無関係な(もしくは架空の時代の)話、「伝説」は歴史時代の話、「世間話」は同時代の話となる。伝承文学研究では、これを説話の三部分類と呼ぶ。詳しくは、長野晃子の論考を参照されたい。長野晃子「世間話の定義の指標（1）――世間話は、伝説、昔話とどこが違うか」、世間話研究会編「世間話研究」第二号、世間話研究会、一九九〇年
(20) 原田信之「沖縄・伊平屋島のアカカナジャー――南島の妖怪譚をめぐって」、説話・伝承学会編「説話・伝承学」第三号、説話・伝承学会、一九九五年
(21) 最近の例では、沖縄人アイデンティティーが強い脚本家・上原正三の自伝小説『キジムナーkids』（現代書館、二〇一七年）がある。日本本土のほかに、アメリカが沖縄人アイデンティティーの生成に影響している点に留意したい。
(22) マッザロ・ヴェロニカ「与論島における妖怪の民族誌的研究」「沖縄民俗研究」第三十一号、沖縄民俗学会、二〇一三年
(23) 本文で紹介した慣用句は、下記論考によった。齊木恭子「昔話絵本におけるトケビのイメージ形成と形象化」、鳥取短期大学北東アジア文化総合研究所編「北東アジア文化研究」第二十五号、鳥取短期大学、二〇〇七年
(24) 同論文
(25) もっとも、朴美暻は「独脚鬼」は当て字だという説を唱えている。朴美暻『韓国の「鬼」――ドッケビの視覚表象』京都大学学術出版会、二〇一五年
(26) 崔仁鶴『한국민속학』새문사、一九八八年。引用は、朴美暻「韓国の「ドッケビ」の視覚イメージの形成過程――植民地時代を中心に、日本の「オニ」との比較を手がかりとして」、説話・伝承学会編「説話・伝承学」第二十一号、説話・伝承学会、二〇一三年
(27) 金学善「한국 설화 속에 나타난 도깨비」『국제어문』제三집、국제대학국어국문학과、一九八二年。同じく、引用は前掲「韓国の「ドッケビ」の視覚イメージの形成過程」。

(28) 前掲『韓国の「鬼」』

(29) 第9章でも話題にしているが、かつての人の妖怪観は動植物と重なる部分が多く、ときには同一視される。そのことを念頭に置いたとき、妖怪と民族をアイデンティファイさせることは、トーテミズム(特定の動物が、部族・民族・国家などの象徴として崇拝されること)によって説明できることがわかる。

(30) 前掲『魔神仔的人類学想像』でもふれられているが、創作作品のなかのモシナは、すでに自然界の象徴として登場することが多くなっている。これが今後、どのような展開をたどることになるのか、興味を引かれる。

第8章　「妖怪図鑑」談義

1　ある妖怪絵師の死

以前、勤務校の南台科技大学（台湾）の学生から、「どうして台湾には妖怪がいないんですか？」と聞かれたことがあった。反射的に「台湾には水木しげるがいないからじゃないかな」と返したが、そう的外れな答えでもなかったと思う。学生が、そして世間の人が思い描くような「妖怪」イメージを作ったのは、間違いなく水木しげるだった。

水木しげるの死（二〇一五年十一月三十日）は台湾でも大きく報道された。その際に、マスメディアが用いたのが「妖怪大師（妖怪大先生）」という語である。台湾での水木の人気は、ドラマ『ゲゲゲの女房』（ＮＨＫ、二〇一〇年。中国語題『鬼太郎的妻』）によるところが大きい。すでに水木の妖怪図鑑の中国語訳はいくつか出ていたし、『ゲゲゲの鬼太郎』のアニメは放送されていたが、漫画作品の知名度は低かった[1]。水木が「漫画家」ではなく「妖怪大師」と報じられたのには、そうした理由がある。

現在、水木の「妖怪」やそこから派生した「妖怪的なるもの」は海外にも波及している。一方で、漫画家「水木しげる」の知名度は海外ではさほど高くない。この件については、アメリカの「妖怪(YOKAI)」事情に詳しいマイケル・ディラン・フォスターに言及がある。[2]

ひるがえって考えてみるに、日本でも事情はそう変わらないのではないだろうか。私の世代(一九七〇年代生まれ)でも漫画家としての水木しげるは過去の人で、妖怪図鑑の描き手という印象が強い。[3] 妖怪絵師としての水木しげるである。

私は水木のマニアというほどではないが、ファンではあって、子どものころから妖怪図鑑に親しんできた。私にとって(おそらくは、多くの日本人にとっても)「妖怪」は、水木が描いたビジュアルとともにあった。だから、台湾の学生たちが、卒業論文や修士論文のテーマに「妖怪」を選ぶのを見ていると、そぞろ感慨がわいてくる。[4]

そんなことを考えていたおり、水木の死に前後して、相次いで興味深い妖怪図鑑が刊行された。一つは『琉球妖怪大図鑑』上・下、もう一つは台湾で刊行された『台湾妖怪図鑑』、ともに刊行は二〇一五年である。台湾ではその後、妖怪図鑑の決定版というべき、『妖怪台湾』(二〇一七年)も刊行された(第9章を参照)。

沖縄も台湾も、近代日本史と深い関わりがあり、文化的にも影響関係がある。これらの図鑑で、

「妖怪」はどのようにビジュアル化されたのだろうか。この機会に、妖怪を描くことの意味を考え、水木の供養としたい。[5]

水木妖怪には、二つの系統がある。本題に入る前に少しおさらいしておこう。

一つは、鳥山石燕（一七一二?—八八）や、竹原春泉斎（生没年不詳）といった江戸の絵師たちの妖怪画を水木が描き直したもので、これを仮に「石燕—水木ライン」と呼ぶことにする。

もう一つは、柳田國男「妖怪名彙」の記事を水木がビジュアル化したもので、こちらは「柳田—水木ライン」と呼ぶことにする。「妖怪名彙」は一九三八年が初出だが、収録された妖怪たちの原典となった民俗雑誌類は、それよりもいくぶん古い。

ここに、幼少期に「のんのんばあ」（景山ふさ。水木の実家で家政婦として働いていた女性）から得た民俗知識[6]と、青年期の従軍の際の、ニューギニアの先住民族トライ族の集落での体験などが加わる。[7]また、一九六〇年代という時代性も考慮しなければならないが、現在の日本の妖怪イメージの源泉は、この二つのラインの上にあるとして過言ではない。

両系統の比較をしてみるのも面白いが、いずれにせよ、水木が描いたのは、前近代社会の妖怪である。それはノスタルジアと結び付いて、近現代文明との齟齬・対峙を引き起こす。文明批評の視点が内包された、エコロジカルな妖怪観である。なかには、『河童のクゥと夏休み』（監督：原恵一、二〇〇七年公開）のクゥ（カッパの子）の台詞《せりふ》「俺は人間ってのは化け物みてぇな生き物だと思ってただ」に集約されるように、妖怪と人間の立ち位置を反転させた作品も少なくない。もっとも、「人は化けもの」（井原西鶴）という言葉があるように、人間のほうが妖怪よりもたちが悪いとする考え方は、伝統的にあるともいえる。

石燕―水木ラインの妖怪について、水木は、京極夏彦との対談で次のように述べている。発言中の「暁斎」とは、幕末から明治にかけて活躍した絵師、河鍋暁斎（一八三一―八九）を指す。「水木サン」は、水木の一人称。

暁斎も上手だけど、水木サンは石燕を非常におもしろがったわけです。というのも、絵を見た瞬間、「これだ！」と、思わず膝を叩いたわけですから。それをパッと現代的にね、私は漫画でわかりやすく表現したわけですけど……やはり石燕は、わりと冷静に博物学的に妖怪を羅列したところがおもしろいんですよね。(8)

石燕の妖怪絵本に本草書の影響が見られることについては、先学による指摘がある。(9) そこに水木は共感した。対談中、水木は石燕と自分の共通点を「収集癖」だと述べている。「少年マガジン」（講談社）で「墓場の鬼太郎」の連載が始まったのが一九六五年。金銭的に余裕ができた水木は、神田の古書店で、かねてから目をつけていた石燕の『画図百鬼夜行』（一七七六年）を購入した。この時点では、石燕の絵は、妖怪画ではなく漫画の素材である。

水木の「妖怪画というスタイル」（京極の発言）については、「ふしぎなふしぎなふしぎな話」（「少年サンデー」〔小学館〕、一九六六年）が最初とされる。(10) すでに「少年マガジン」の連載で多忙を極めていた水木に、新たに漫画の仕事を引き受ける余裕はなく、苦肉の策で編み出したのがこの形式だったという。現代の妖怪絵師の誕生である。

その後、水木は、妖怪画の素材として柳田國男の「妖怪名彙」を見いだす。先に述べた柳田─水木ラインである。この点について、水木はこう述べている。

石燕のあのやり方を見てね、それならばということで、柳田國男の文を参考にして、私の現代感覚でやったんです。それで、新しい妖怪も石燕の描いたものより増えたんです。[11]

「石燕のあのやり方」とは、右の引用の前に水木が話した「博物館みたいに一匹ずつ描」く手法のことである。原典の「妖怪名彙」自体、ほかの柳田の民俗語彙の記述と同様、博物学的な記述になっている。[12]

ただし、水木は、石燕や柳田の著作にある「妖怪」のすべてを対象にしたわけではない。独自の嗅覚によって「認定」したものだけを「妖怪」として描いた。そこでの取捨選択についても考える必要がある。

柳田─水木ラインの妖怪たちは文字資料がもとでビジュアルイメージはなかったが、石燕─水木ラインの妖怪たちと並べたときに違和感がないように前近代の衣装や小道具を取り入れてデザインされている（例：子泣き爺、砂かけ婆）。また、石燕─水木ラインの妖怪たちも、原画では省略されている背景を事細かに描写している。この点について水木は、小松和彦との対談のなかで次のように述べている。

図12　「垢嘗」
（出典：鳥山石燕『画図百鬼夜行』1776年）

私はね、子どもなりなんなりが、その妖怪に出会ったときの驚きを入れてるんです。でも、石燕の絵にはそれがないんです。妖怪だけです。

（略）

だから、出会ったときの驚きとか、どういうところにいるかっていう物語をですね、絵のなかに織り込んであるんです。背景とかも含めて、すべてを石燕よりは詳しく説明する。というか、実在感を出すようにしているわけです。[13]

この発言は、小松の石燕評に対する意見として述べている。水木の発言に先立って、小松は、石燕の妖怪画を「妖怪の標本」「動物園の檻の中にいるような状態」などと述べたうえで、さらに「標本の向こう側にある物語みたいなものが欲しいと思うんです」「物語的な世界が石燕の絵にないことに対しては、非常に不満な感じはある」と発言している。それと同時に、水木の漫画には妖怪

画にはない物語がある、とも。(14)

図13　水木しげる「垢なめ」
（出典：水木しげる『水木しげる妖怪図鑑』兵庫県立美術館、2010年）

ここで話題にされている「物語」とは、前後の文脈から、怪異を体験したときの状況のことだと思われる。右の発言に続けて、小松は「お風呂には「垢嘗め」が出てくるという絵にしても、石燕の絵では一つの場面で標本になっているけれど、実はその絵からいろんな想像をめぐらせた世界というのがあるんだと思うんですよね」「で、そういうふうなものは、石燕を最初に見たときには、僕には感じられなかった」と述べている。

小松の発言に対して、水木は「私の時代にはね、そういう妖怪の話を聞いたときに、ちょうど風呂場も石燕の時代ふうな木の風呂だったし」と述べている。前近代の風景のなかでの怪異に対しているということでいえば、石燕、柳田、水木は地続きの位置にあるのだ。

2　水木少年はベトベトさんに遭ったか

しかし、考えてみるに、妖怪図鑑とは、そうした個別の物語を捨象することによって成り立つものだともいえる。妖怪がビジュアル化されて図鑑として編まれることによって、何が失われ、何が得られるのかという点については慎重でありたい。

この点について、ベトベトサンという妖怪を例に考えてみたい。柳田の「妖怪名彙」で、「大和の宇陀郡で、ひとり道を行くとき、ふと後から誰かがつけて来るような足音を覚えることがある。その時は道の片脇へ寄って、ベトベトさん、さきへおこし　というと、足音がしなくなるという」と記述されている妖怪である。[15]

対談のなかで、水木は、ベトベトサンに遭った体験を話している。

水木　私はね、小学校のころ「べとべとさん」に遭遇しとるんですわ。

京極　うしろからついてくるやつですね。

水木　兄貴と一緒に下駄をはいて歩いていたんですよ。下駄の音がよく聞こえるんですよね。で、おもしろがって歩いてたら、ふと気がつくとふたりの下駄の音のほかに、もうひとつ聞こえるんです。ぜんぶでみっつ。

（略）

水木　「もうひとり聞こえるようだが……？」っていうと、もうそれだけで怖くてね、後ろは振り向けないですよね。

京極　その体験が、あの絵になっているわけですね。

水木　うん、「べとべとさん」（笑）。もちろん、それがなんだったのかはわからんけども、急にものすごく怖くなったですから。(16)

一九二二年生まれの水木が小学生のころの体験というから、三〇年代前半の話だと思われる。ベトベトサンを報告した唯一の資料である、伊達市太郎の「大和宇陀郡地方俗信」が雑誌「民俗学」第二巻第五号（民俗学会）に載ったのは三〇年だが、水木少年はその記事を読んでいないだろう。伊達の報告を、柳田が「妖怪名彙」に採録したのが三八年、それが『妖怪談義』に収録されるのが五六年なので、水木の体験のほうが先んじている。

水木が幼少期を過ごした鳥取県境港市にこの伝承がなければ、可能性として考えられるのは、幼少期の体験が後年になって色づけされ、「ベトベトサン」という名称が与えられたことになる。知識を介しての伝承の再生産といえるが、それもまた伝承の一形態でもある。柳田の場合は辞典だが、図鑑でも、より明確に同じ状況を招来すると思われる。

この話には「妖怪」を体験したときの身体感覚が凝縮されている。歩く行為によって制限される視覚と、そのために研ぎ澄まされる聴覚、そして背後に覚える違和感。(17)水木の体験は一回だけのも

図14　水木しげる「べとべとさん」
（出典：前掲『妖怪なんでも入門』136ページ）

のだった。そのたった一回の妖怪体験が記憶のなかで増幅していき、柳田の記述を通して形をなした。そこで重要な役割を担ったのは、視覚ではなく聴覚だった。対談で水木は、「妖怪をキャッチする場合には、やっぱり音ですよ」と述べている。また、「妖怪は全体で感じるものなんだな」とも。これこそ、妖怪感覚である。[18]

　では、妖怪体験がそういうものだったとして、それを話すとき、どのように変質するだろうか。右の例では、聞き手がベトベトサンに関する知識がある京極であることと、対談の性質が文化論であることも相まって、のどかな話し口となっている。体験から六十年もたっていることも関係しているだろう。また、水木の個性とも関わるのかもしれないが、「ものすごく怖くなった」という当時の心境を再現しえているとは言いがたい。水木によってビジュアル化されたベトベトサンも、かわいげがあるものとなっている。ベトベトサンが無害なものだからこのデザインになったと思われるが、怪異をリアルタイムに体験している段階では、背後に忍び寄る「何か」が悪意のない存在だとは認知していないはずだ。

　自身の体験であっても他者の体験であっても、体験談を生き生きと話すには技術がいる。状況を客観的に捉える描写力と、主観的な心理状態を伝える表現力の、双方のバランスがとれていてはじめて可能になる。その難しさは、体験を書く場合であっても同じである。

しかし、図鑑に求められるのは、ビビットな体験の再現ではない。動物図鑑の記述に、希少種を目撃したときの感動がないのと同じである。三人称視点で描かれることが多いので、体験者の視線も失われてしまう。そして、そうだからこそ体験の個別性を超えて共有される。図鑑化されることによって得られるものと失われるものとがあるのだ。

「妖怪体験」「妖怪話」「妖怪ビジュアル」と並べると三題噺めくが、伝承文学研究の面からみても興味深いテーマだと思う。

怪異を体験したとき、人はそれをどう解釈し、どう話し、どうビジュアルをイメージするのか（しないのか）。それは、個人的な体験であり、感覚であるはずの怪異が、共有され、民俗知へと吸収されていく過程である。そうして育まれた民俗知としての「妖怪」は、また、新たな体験の解釈へと還流されていく。その過程で、妖怪図鑑によって作られたビジュアルイメージが影響を及ぼすのである。

『琉球妖怪大図鑑』上・下（琉球新報社、二〇一五年）は、この点を考えるのに示唆的である。琉球新報社の小中学生新聞「りゅうPON！」に連載されたもので、収録された項目数は百二にも及ぶ。一項目に複数体収録されていることもあるので、実数はもっと多い。著者の小原猛が「まえがき」で「これだけの沖縄の妖怪を網羅したものは過去にも例がありません」と述べているように、エポック・メイキングになる一冊である。

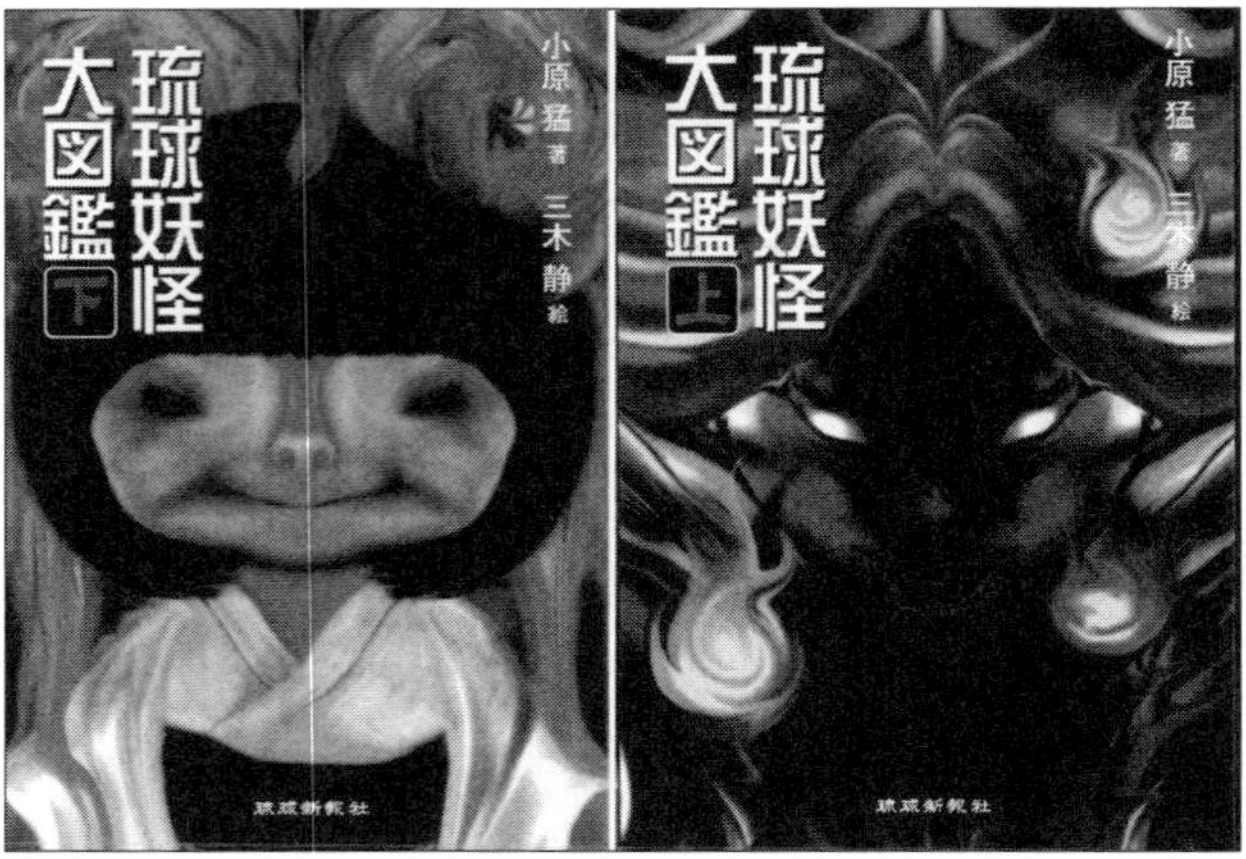

図15　小原猛著、三木静絵『琉球妖怪大図鑑』上・下（琉球新報社、2015年）のカバー

さらに「まえがき」では「沖縄では妖怪のことをマジムンとよびます。マジムンとは実体のない、煙のような、つかみどころのない存在、とでもいう意味です」と述べている。小中学生向けの記述という点は考慮しなければならないが、「妖怪」と「マジムン」を同一視していいのか、という問題はある。この点は、「妖怪」と「マジムン」双方の概念規定にも関わる大きなテーマだが、便宜上、ここではカッコ付きでマジムン＝「妖怪」としておく(19)。

同書では、収集されたマジムン＝「妖怪」のすべてにイラストが載せられている。「図鑑」である以上、当然のことだが、イラストレーターの三木静《しず》の苦労は大変なものだったろう。というのも、本土のように、妖怪絵師（水木も含む）によるビジュアル化の蓄積がないからである。

なお、三木は兵庫県出身、小原も出身は京都府である。本土出身という他者性が、図鑑に与えた影響についても考える必要がある。敷衍すれば、石燕も伝承者から見て他者の視点で妖怪を描いて

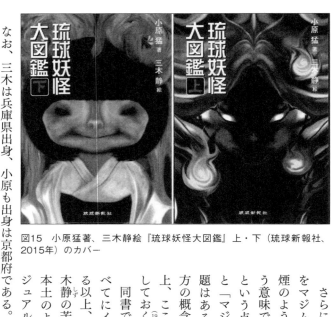

いたし、いくつかの例外はあるが、水木にもそれは当てはまる。私に画家の心理はわからないが、対象を客観視するうえでも他者性というのは必要なのではないだろうか。[20]

先ほどからビジュアル化という語を使っているが、水木が妖怪画の元ネタにした柳田の「妖怪名彙」にも、もともとビジュアルイメージがあったと思われるものがある。

この点について、『琉球妖怪大図鑑』を例に考えてみたい。妖怪画の蓄積がないぶん、いいサンプルになると思われるからである。なお、沖縄の「妖怪」名の表記は同書によった。

まず図像化しやすいのは、ダンガサマジムン（雨傘のマジムン）やフーマジムン（帆のマジムン。本土の「イッタンモメン」と類似）といった器物の「妖怪」である。器物でも、ミシゲーマジムン（シャモジのマジムン）やナビゲーマジムン（オタマのマジムン）などは人の姿に化けているが、その正体を暗示して図像化されている。

これらの妖怪は、実際に器物が化けているものと、比喩として器物が用いられている場合の二パターンがある。例えば、道を歩いている人の行く手をふさぐチニブマジムン（本土のヌリカベに類似）は、本文では「竹垣のようなもの」（「チニブ」は「竹垣」のこと）と説明されていて、竹垣そのものが化けたものではない。本書の解説では、ほかに「林のようなもの」とも説明されている。「……のようなもの」を、どうビジュアル化するかが難しいところで、本書のイラストでは、切り口に目がついた竹垣として描かれている。

動物の「妖怪」も図像化しやすい。アフィラーマジムン（アヒルの「妖怪」。旧日本軍の軍服を着ている）、牛マジムン（牛の「妖怪」。正体は柩とも）、カタアシピンザ（山羊の「妖怪」。三本足）などは容易にビジュアルが想像できる。
実際にビジュアルがあるものとしては、石像として沖縄各地でみられるシーサー（獅子。同書では「妖怪」ではなく「魔除け」とされている）や、祭礼に登場するオホホ（同書では「神」とされている）などがいる。小松和彦がいう造形された妖怪である。[21]
同じく、人に由来する「妖怪」（本土ならば「幽霊」と呼称されるものも含む）も図像化しやすい。ジュリマジムン（娼婦のマジムン。鼻に簪《かんざし》を刺している）、ハナモー（若い女の姿のマジムン。鼻がない）などである。沖縄の妖怪として知名度のあるキジムナー（赤いザンバラ髪の少年の姿）もここに入る。
これらの「妖怪」たちは、名称や由来からビジュアルを想像できる。夜道にたたずむ怪しげな女の影を見て、それをマジムンだと認識したとき、そこにはすでにビジュアルがあるのだ。妖怪絵師たちが描くような明確で固定的な強いものではないが、弱いビジュアルがあるのは確かである。

3 妖怪図鑑の思想——『琉球妖怪大図鑑』

もう一度、「妖怪体験」「妖怪話」「妖怪ビジュアル」の三大噺をすると、必ずしも体験が先にあって、それが話されたのちにビジュアル化されるというわけではないのに気がつく。

かねて妖怪の話を聞いていた人が、いわくがある場所に行った際に怪異体験をすることもある。

そのとき弱いビジュアルイメージがあった場合には、体験と同時にビジュアルを思い描くだろう。体験―話―ビジュアルの場合、話―体験―ビジュアルの場合、話―ビジュアル―体験の場合……など、いろいろなパターンが考えられる。なかには体験や話よりも、ビジュアルが先行してある場合もあると考えられる。

以前、奄美大島出身の田畑千秋が、日本口承文芸学会のシンポジウムで、豚の妖怪の報告[22]をしたことがあった。『琉球妖怪大図鑑』にも、ワーマジムン、ヂーヂーウワーグワーなどの名で載る妖怪のことである。夜道を歩いているときに、この妖怪が股の下をくぐると魂を抜かれるのだという。

この妖怪から身を守るためには、股下をくぐられないように足を交差させながら歩けばいいそうで、壇上で田畑が実演してみせた。内股でそろりそろりと歩く姿はユーモラスで、フロアーからも笑いが漏れたが（田畑もそれを意図して演じたのだが）、それは昼の講堂という場だったからだ。そのしぐさで夜道を歩いた少年時代の田畑の胸中にあったのは、夜陰に紛れて現れ、命を奪う妖怪に対する恐怖心だっただろう。そのとき、自分をねらう妖怪の姿として豚のビジュアルイメージがあったのは間違いない。体験以前に話があり、おそらくはビジュアルもあったのである。

豚の「妖怪」に限らず、沖縄では「妖怪」＝マジムンに股の間をくぐられるとマブイ（魂）が抜かれるという伝承があって、『琉球妖怪大図鑑』でも再三言及している。その伝承を思い描いている人には、怪異主体としてのマジムンの姿が弱いながらもイメージされていたとおぼしい。体験をしていなくても、話を聞いていなくても、ビジュアルイメージだけがあるケースである。

こうした弱いビジュアルがある妖怪は、絵師に描かれる前からあった。柳田―水木ラインから例をあげると、「妖怪名彙」に載る「コナキジジ」「スナカケババ」「ヌリカベ」「イッタンモメン」といった妖怪たちには「爺」「婆」「壁」「木綿」といった語から喚起されるビジュアルイメージがあるので、それを軸にすれば、巧拙は別にして絵にはなる。

一方、ビジュアルがない妖怪のケースもあり、絵師の腕の見せどころとなる。

例えば、シッキーという「妖怪」は人をさらうという。シッキーにさらわれた人は、赤飯の代わりに赤土を食わされたりするといい、木の葉のように遠く離れた土地まで飛ばされるともいう。本土なら狐狸狢や天狗、台湾ならモシナ（第6章を参照）が相当する。また、シッキーは人の行く手をふさぐともいい、この点は本土のヌリカベ、台湾の鬼撞牆《グエイダンチャン》を想起させるが、なかなか統一したビジュアルイメージを抱きにくい。三木のイラストのシッキーは、人をさらうという行為からの連想か、グレイ型の宇宙人のような姿に描かれている(23)。

ピキンキルは、水中に人を引きずり込んで殺す「妖怪」。この種の水妖の伝承は世界各地にあり、本土なら河童、台湾なら水鬼といったところだ。怪魚とも人の姿をしているとも言われる。こちらは弱いビジュアルがあるといえなくもないが、三木のイラストでは、映画『大アマゾンの半魚人』（監督：ジャック・アーノルド、一九五四年公開）の怪物・ギルマンのような姿で描かれている(24)。

無造作に比較対象にあげた本土の天狗、河童などには、絵師たちによって育まれてきたビジュアルイメージがある。それは、体験に先行して、人々の記憶に刷り込まれたものである。しかし、台湾のモシナや水鬼には、そうしたイメージはない。

ビジュアル化に難儀したと思われるのは、牛のような鳴き声を上げるマーという「妖怪」である。

本土でいえばヤマビコなどがそれにあたるが、声だけの怪をどう描けばいいのか。三木は、石燕が描くところの野槌に似た芋虫状の姿でビジュアル化しているが、苦労しただろう。ちなみに、石燕はヤマビコを猫と猿を合わせたような姿で描いているが、水木はこのデザインをよしとしなかったようで、独自のイメージでビジュアル化している(25)。

もっとも、ビジュアル化しやすい例として、器物や動物の妖怪をあげたが、画家サイドからするとイメージしやすすぎて逆に難しいかもしれない。

実際、先ほど紹介したダンガサマジムン(傘の妖怪)は、雨傘に目をつけた姿をしていて、本土のカラカサオバケ(唐傘お化け)と大差ないビジュアルになっている。沖縄の妖怪絵師として冴えを見せる三木にしては凡庸な作といえるが、では、ほかに傘の妖怪をどうビジュアル化すればいいのかと問われると、返答に窮する。台湾にも雨傘鬼という妖怪がいるが(第7章を参照)、これもイラスト化すると同じようなビジュアルになるだろう。

もう一例あげると、『琉球妖怪大図鑑』に載る「妖蛇アカマター」は蛇の「妖怪」で、美男に化けて若い娘をたぶらかして身ごもらせるという(本土の昔話「蛇聟入り・苧環型」と類似している)。これもビジュアル化の際にオリジナリティーを発揮しにくい妖怪である。三木のイラストでは、鱗と目つきの異様さを強調することで、人ならぬモノを描き出している。

アカマタは実在の蛇で、動物辞典を引くと、ナミヘビ科マダラヘビ属、日本の固有種で、奄美諸島・南西諸島に生息するとある。八重山諸島ではアカマタという来訪神の伝承があり、関連がうかがえる。奄美・沖縄地方ではハブもマジムンとされるからである。

信仰対象になる動物は妖怪化しやすい。あるいは、妖怪化するから信仰されるのか。先に「マジムン」を「妖怪」と訳すことに異を唱えたが、異文化での類似する概念と照らし合わせると、双方の特色がわかって面白い。切れば血が出るハブをマジムンとするなら、本土の狐狸貉なども妖怪としなければならないだろう。また、そのほうが理にかなっている。

本土では、狐狸貉が人を化かす話や妖怪の正体を狐狸貉とする話が非常に多い（第5章を参照）。ほかに、川獺や鼬、猫などが、化かす動物たちの系譜に連なる。ただし、これらの動物そのものを妖怪と見なす意識は希薄だった。

水木が石燕の妖怪画を独自の基準で取捨選択したことは先に書いたが、その際、採択されなかったものに、「狐」「狸」などの実在する動物がいる。近現代の知識を有する者からすると、これらは動物以外の何ものでもない。一方、石燕が描いた「貉」や「川獺」は妖怪として採択されている。おそらく、石燕が描いた「貉」や「川獺」が擬人化されているからだろう。石燕は「狐」や「狸」は動物そのままの姿で描いている。(26)

しかし、前近代を生きた者は、現代の私たちが見るのとは違うまなざしで狐狸貉などを見ていた。そこには動物観の変容がある。

この点について考えるのに示唆的なのが、山城善光『ブナガヤ（きじむなあ）実在証言集――不思議な火をともす怪奇動物』（私家版、一九八二年(27)）で、「不思議な火をともす怪奇動物」というサブタイトルがつけられている。ブナガヤは沖縄北部に伝わる「妖怪」で、キジムナーの別名ともいわれる。同書でもタイトルの「ブナガヤ」の下に（きじむなあ）とカッコ書きされている。

書名のとおり、著者の山城はブナガヤを実在する動物と考えており、それをどのようにして捕獲するかがテーマとなっている。未確認動物伝承が全盛だった時代が背景にあるのかもしれない。ただ、山城だけでなく、目撃者である話者たちもブナガヤを動物と認識している。話者たちは山中で何かを見た……のだろう。それが何なのかはここでは問わない。所詮は推測の域を出ないからだ。怪異主体の実在について、私は否定も肯定もしない。確かなのは、体験の前に、そして体験を話す前に、弱いビジュアルが先行してあったということである。

ブナガヤは『琉球妖怪大図鑑』にも立項されていて、「ブナガヤ火」（本土の「狐火」に類似）のことなどが簡潔に説明されている。しかし、実在の可能性がある動物説については言及していない。ここに『琉球妖怪大図鑑』という本の思想がうかがえる。

図鑑には思想がある。それは妖怪図鑑であっても同じである。ブナガヤ動物説を排除するのには、水木が狐狸を排除したのと通じる思想がうかがえる。

もう一点、『琉球妖怪大図鑑』の思想をあげると、太平洋戦争に関する記述が希薄だということである。

著者の小原猛は、沖縄各地をフィールドとして怪談を収集していて著作も多い。沖縄発のUstream（ユーストリーム）番組『怪談降臨』（二〇一一年─）にも出演している（三木静が出演した回もある）。私も愛読・愛聴しているが、小原の著作や語りには、戦争に関わるものが少なくない。[28]にもかかわらず、『琉球妖怪大図鑑』には戦争の影が希薄なのだ。

子ども向けだから、では説明がつかない。子ども向けだからこそ、戦争が語られるケースのほうが多いのだ。また、『琉球妖怪大図鑑』は（次章でふれる『台湾妖怪図鑑』のように）「幽霊」（人の死の延長線上にある怪異）を排除しているわけでもない。

思うに、沖縄文化の一翼を担い、沖縄アイデンティティーに結び付けられる可能性を秘めたマジムン＝「妖怪」たちの図鑑を作るのに、近代の戦争は取り入れにくかったのではないだろうか。本土の妖怪図鑑でも、戦争にまつわる怪異はあまり収録されない。近代日本の総力戦という状況は、常民の生活を描く民俗学にはそぐわないとされてきた。

戦争に限らず、近現代の文化事象は妖怪図鑑に反映されにくい。この点については、台湾を例にするとよくわかる。というわけで、最終章に向かう。

注

（1）『水木しげるの中国妖怪事典』（東京堂出版、一九九〇年）は、『中国妖怪事典』（晨星出版、二〇〇四年）の題で中国語訳されて台湾で出版された。同書に解説「魑魅魍魎的世界――水木茂筆下妖怪曼荼羅」を寄せた銀色快手（詩人、古書店主、妖怪愛好家）は、水木が鳥山石燕や河鍋暁斎らの後を継いだ「当代著名的妖怪絵師」で、戦後に妖怪を「復興」させた人物だと述べている。一方、漫画作品では、『墓場鬼太郎』が『少年英雄鬼太郎』（聯経出版、一九九三年）の題で中国語訳されている。

（2）国際日本文化研究センターのシンポジウム「怪異・妖怪文化の伝統と創造――ウチとソトの視点から」（二〇一三年）の講演「欧米における怪異・妖怪文化研究の現状」での発言。妖怪が「見られる」ことを要請されるものであることについては、飯倉義之による指摘がある。飯倉義之「描かれる異類たち――妖怪画の変遷史」、前掲『妖怪・憑依・擬人化の文化史』所収

(3) 前掲『妖怪なんでも入門』は、「小学館入門百科シリーズ」第三十二巻として一九七四年に刊行された。そのあとも、同シリーズでは、『妖怪大図解』(小学館)、『世界の妖怪大百科』(小学館、一九七八年)、『妖怪百物語』(小学館、一九七九年)など、水木による妖怪図鑑ものの書籍が刊行された。一九七〇年代の日本は、現在まで続く子ども向け図鑑の草創期であり、その一端として水木の動向も捉えなければならない。

なお、同書の位置づけについては清水潤の下記論考が参考になる。清水潤「一九七〇年代の「妖怪革命」――水木しげる『妖怪なんでも入門』」、一柳廣孝編著『オカルトの帝国――1970年代の日本を読む』所収、青弓社、二〇〇六年

(4) わが南台科技大学(台南市)でも、毎年、何組かの学生が「妖怪」を卒業論文のテーマに選び(グループで執筆する)、だいたい私が指導を担当することになる。他大学からも私のところに「妖怪」について相談にくる学生がいたりして、台湾の若年層の間での「妖怪」に対する関心の高さがわかる。また、台湾では、最近、「妖怪」を研究テーマに選ぶ大学院生も増えてきた。調べた限りでも、左記のようなものがある。現在のところ、観光産業やゲーム、アニメなどのサブカルチャーのコンテンツとしての「妖怪」が取り上げられる傾向がある。年号は修士論文の提出年。

陳昕微「日本的妖怪幽霊研究――日本の妖怪と幽霊の研究」長栄大学応用日語系、二〇一二年

范玉延「古今図書集成、神異典、妖怪部妖怪研究」東呉大学中国文学系、二〇一二年

李瑋茹「地方振興、通俗文化、博物館――以日本鳥取県境港市「妖怪之郷」営造活」国立台北芸術大学博物館研究所、二〇一二年

王思云「以場所精神探討観光区主題之営造――以台湾妖怪村為例」銘伝大学観光事業学系碩士在職専班、二〇一二年

李秀美「展覧行銷与参観者行為研究――以「GeGeGe 鬼太郎的妖怪楽園台中場」為例＝T」逢甲大学経営管理碩士在職専班、二〇一三年

蔡青「中国日本妖怪文化之比較研究」国立雲林科技大学創意生活設計系、二〇一五年

王文劭「日本妖怪文化与地方都市伝説対動漫角色創作影響之研究――以角色妖狐為」元智大学資訊伝播学系、二〇一五年

徐珮瑄「日本妖怪造型之審美偏好研究与創作」元智大学資訊伝播学系、二〇一六年

（5）石岡良治は、水木にとって妖怪の実在が「視覚的に造形された姿」によって捉えられているのではないかという説を唱えている。従来、見落とされていた観点であり、かつ、なぜ水木が妖怪を描くのかという根源的な問いに関わるものでもあり、示唆深い。石岡良治「水木しげるの新しい学――妖怪イメージの体系と方法」、前掲「ユリイカ」二〇〇五年九月号

（6）水木の著作で知名度が高い「のんのんばあ」だが、人生についても人となりについても不明な点が多く、一葉の写真さえ残されていない。景山ふさという本名も、足立倫行の著作で判明するまでは知られていなかった。根平雄一郎の論考は「のんのんばあ」の実像に迫ろうとする意欲作で、今後の水木研究での基礎資料になる。水木しげる『のんのんばあとオレ』（ちくま少年図書館）、筑摩書房、一九七七年、足立倫行『妖怪と歩く――評伝・水木しげる』（書下しノンフィクション 人間発掘）、文藝春秋、一九九四年、根平雄一郎「水木しげる氏 追悼 のんのんばあのルーツを探る」、伯耆文化研究会編「伯耆文化研究」第十七号、伯耆文化研究会、二〇一六年

（7）水木しげるの「妖怪」像の生成に、従軍中に知り合った南方の少数民族の「精霊」観が影響してい

ることについては、野口哲也が指摘している。野口哲也「「妖怪」から「精霊」へ――水木しげるにおけるイメージの転回」、鳴門教育大学国語教育学会編「語文と教育」第二十五号、鳴門教育大学国語教育学会、二〇一一年

（８）水木しげる『水木しげるの妖怪談義』ソフトガレージ、二〇〇〇年

（９）江戸時代後期（十八世紀）以降の妖怪観の変容を「妖怪革命」という語で捉える香川雅信は、「博物学的思考／嗜好の対象となったことで、妖怪は根本的な変容をこうむることになる」と述べている。香川がいう「根本的変容」とは、妖怪の「リアリティーの喪失」「キャラクター化」のことを指す。前掲『江戸の妖怪革命』

（10）水木本人の発言によるが、清水潤の調査によると、水木の妖怪画の最初は、「少年マガジン」一九六六年三月二十日号（講談社）の「日本の大妖怪」だという。「ふしぎなふしぎなふしぎな話」が「少年サンデー」（小学館）に載ったのは一九六六年六月五日号が最初で（第一回は「魚石」）、「少年マガジン」よりもあとである。内容も妖怪画ではなく、各回三ページの絵物語である。水木の記憶違いか認識の相違か、あるいは執筆時期と掲載時期のずれか。清水潤「「妖怪ブーム」前夜の水木しげる」、論樹の会編「論樹」第二十四号、論樹の会、二〇一二年

（11）前掲『水木しげるの妖怪談義』。水木が、柳田の「妖怪名彙」を典拠に「妖怪」を創造していったことについては、最晩年の著作『水木しげるの遠野物語』（柳田國男・原作、〔Big comics special〕、小学館、二〇一〇年）にも、柳田と水木の架空対談というかたちで描かれている。

（12）名彙の収集に重点を置く柳田と江戸の博物学者（本草学者）の思考の近似性については、杉本つとむ『江戸の博物学者たち』（青土社、一九八五年）に言及がある。

（13）前掲『水木しげるの妖怪談義』

(14)この点について、横山泰子は、妖怪の「情報化」という表現をしている。横山は「情報化」の結果、妖怪の「形態」や「生態」は伝達されたが、伝達不可能な「生身の恐怖感」が、石燕の妖怪画からは抜け落ちているとしている。横山泰子「鳥山石燕「百鬼夜行」考」、国際基督教大学比較文化研究会編「ICU比較文化」第十九号、国際基督教大学比較文化研究会、一九九〇年

(15)ベトベトサンは報告例が少ない妖怪で、「国際日本文化研究センター 怪異・妖怪伝承データベース」(〔http://www.nichibun.ac.jp/YoukaiDB2/index.html〕[二〇一五年三月アクセス])には、柳田が「妖怪名彙」に紹介した例のほかに、宮城県史編纂委員会編『民俗』第三巻(〔『宮城県史』第二十一巻〕、宮城県史刊行会、一九七三年)の例しかない。その『宮城県史』の例も「妖怪名彙」からの引用とおぼしく、実質的には一例である。本文で述べたように、水木が体験したベトベトサンは後付けの解釈か比喩的な表現だと思われる。この点については、足立倫行の前掲『妖怪と歩く』にも言及がある。

(16)この体験について水木は各所で書いているが、引用は前掲『水木しげるの妖怪談義』によった。

(17)背中を「自ら目視のできないブラック・ボックス」であり「異界へつながる人の身体の出入り口」とする安井眞奈美は、身体感覚と怪談について考察をしている。安井眞奈美「身体と妖怪・怪異」平成十八年度国際日本文化研究センター共同研究会、二〇〇六年、同「怪異・妖怪文化の伝統と創造――前近代から近現代まで」第三回研究会、二〇〇六年。のち、同編著『怪異と身体の民俗学――異界から出産と子育てを問い直す』(せりか書房、二〇一四年)。

(18)俗信の特徴を「非体系的で断片的、非論理的な点」にあるとする中田亮は、水木の妖怪体験を念頭に置きながら、俗信を話し手と聞き手からなる伝承の場に戻すべきだとしている。中田亮「俗信はいかにして伝承されるのか――水木しげる氏と宮本常一氏の幼少時代から」、信濃史学会編「信濃」第

六十八巻第一号、信濃史学会、二〇一六年
(19) この問題は「妖怪」を外国語に翻訳するとどうなるのか、という問題にも関わる。例えば、中国語の「鬼《グェイ》」が指し示す範囲が、日本の「妖怪」とどの程度、重なるのか。マイケル・ディラン・フォスターは先の注（2）の講演で、「妖怪」は「YOKAI」と表記するほかないと述べている。この点については、「妖怪」の概念史から考えなければならないだろう。
(20) また、名づけが重要な位置を占める妖怪伝承の場合、言語の違いが生む異化効果についても見逃せない。『琉球妖怪大図鑑』上・下（小原猛、三木静・絵、琉球新報社、二〇一五年）から例を引けば、チーノウヤは「乳の親」、カーカムローは「川禿（「カー」は「井戸」、「禿《かむろ》」は「子ども」の意味）」と日本語訳できるが、カタカナ表記の場合との印象にはずいぶん違いがある。
(21) 前掲「妖怪とは何か」
(22) 第二十九回日本口承文芸学会大会シンポジウム「怪異・妖怪の世界」（同志社大学、二〇〇五年）での田畑千秋の報告「豚妖怪の伝承と伝播」から。背景として、豚という動物に対して人々が抱く感情が、奄美と本土とで違うことを指摘できる。田畑の左記著作では、昔話「豚女房」を中心にこの点について論じたうえで、さらに中国の事例との比較を試みている。田畑千秋『南島口承文芸研究叙説』第一書房、二〇〇五年
(23) 二十世紀になって隆盛した、宇宙人やUFOなどにまつわる世間話も、妖怪研究の手法、成果を援用してアプローチできる。宇宙人によるアブダクト（誘拐）と天狗による神隠し、UFOと狐火などのような類似する伝承だけではなく、怪異体験をどのように話し、イメージするのかという問題にまで広げて対象化できる。欧米の宇宙人伝承については、スーザン・A・クランシー『なぜ人はエイリアンに誘拐されたと思うのか』（林雅代訳［ハヤカワ文庫NF］、早川書房、二〇〇六年）に詳しい。

(24) 同作品に登場する半魚人「ギルマン」は、伝承に基づいたものではなく映画オリジナルのキャラクターだが、パブリック・イメージを抱かせるほどに定着している。

(25) 水木しげる描くところの「山びこ」(名称は「呼ぶ子」とも)は、三角形の頭に蓑笠をかぶり、大きな口と出っ歯、絣の着物に一本足の、案山子のような姿にデザインされている。水木しげる監修、村上健司/佐々木卓『ゲゲゲの鬼太郎謎全史』(JTB、二〇〇二年)によると、「山びこ」の名で定着する以前から水木漫画には同様の妖怪が登場していて、一つ目と二つ目の両パターンがあるという。

(26) 水木の意向かどうかは不明だが、前掲『妖怪なんでも入門』の表紙を飾っているのは、石燕の妖怪画をもとにした「川獺」であり、同書に採録された漫画「オベベ沼の妖怪」も、ゲスト妖怪は「川獺」である。水木の妖怪観の一端がうかがえる。

(27) 山城善光は沖縄の農民闘争の中心人物の一人で、『山原の火――昭和初期農民闘争の記録』(「タイムス選書」、沖縄タイムス社、一九七六年)、『火の葬送曲――一転向者、赤裸々の軌跡 続・山原の火』(火の葬送曲刊行会、一九七八年)などの著作がある。山城の運動家としての面が、あとで述べる沖縄アイデンティティーの発露としてのブナガヤ探索に連結したと評せる。

(28) 小原猛の近著には左記のようなものがある。いわゆる「実話怪談」だが、沖縄という地域に特化している点に個性が認められる。怖さのなかにも、しみじみとした味わいのある話が多い。小原猛『琉球怪談――現代実話集 闇と癒しの百物語』ボーダーインク、二〇一一年、同『琉球怪談――闇と癒しの百物語 七つ橋を渡って』ボーダーインク、二〇一二年、同、三木静・画『琉球怪談百絵巻 不思議な子どもたち――ほんとうにあった怖い話』ボーダーインク、二〇一三年、同『沖縄の怖い話――琉球怪談物語集』TOブックス、二〇一四年

第9章　妖怪が生まれる島

1　台湾「妖怪村」探訪記

台湾に「妖怪村」があることは、学生から聞いていた。正式名称を「渓頭妖怪村《シートウヤオクアイツォン》」といって、「妖怪」を前面に押し出したテーマパークとのこと。場所は台湾中部の南投県。これは行かずばなるまい。ということで、一日、妖怪村を探訪してきた。[1]

台中駅からバスに乗って揺られること二時間。話には聞いていたが、かなりの山中にある。標高千メートル強。当日は霧も深く、「妖怪村」の立地としては申し分ない。日本統治時代は東京大学農学部の演習林であり、「松林町」と称した。現在は「渓頭自然教育園区」の一角を占めている。「妖怪村」の構想がたてられたのが二〇〇九年、開園したのは一一年である。人里から遠く離れているが、敷地内に妖怪主題飯店というホテルがあるほか、近隣にペンションが並ぶ。設立の経緯については、山中千恵らがコンテンツ・ツーリズムの観点から論じている。[2]

日本では、水木しげるの故郷で、「妖怪ロード」を擁する鳥取県境港市[3]を筆頭に、岩手県遠野市（カッパ、ザシキワラシ）など、妖怪を観光資源としている市町村はいくつかあるが、海外で「妖怪」を前面に押し出しているのは珍しい。当日は土日ということもあり、親子連れやカップルでにぎわっていたが、日本人観光客は私だけだったようだ。ペンションの主人も、日本人の観光客はほとんど来たことがないと話していた。

到着してまず目を引くのは、稲荷社を模したらしい朱塗りの鳥居である。鳥居は大小二つあり、完成して間もないにもかかわらず、ご丁寧に色が剝げたような塗装をしている。「妖怪村」なので、古びたような演出が必要なのだろう。日本で同様のテーマパークを開設したとしても、同じ演出をすると思われる。このあたりの感覚は、日本人と大差ない。大きいほうの鳥居の脇には鳥居に関する解説板があった。

妖怪村のもう一つのシンボルが巨大な天狗の面のオブジェで、パンフレット写真でよく用いられている。日本人になじみ深い、赤ら顔に白鬚をたくわえた「大天狗（鼻高天狗）」である。これを機に、台湾でも日本の天狗イメージが定着するのではないだろうか。

村内には、オブジェやイラストや着ぐるみ、土産など、さまざまな「妖怪」たちがあふれているが、日本の妖怪と見なせるものは少ない。先に紹介した「天狗」のほかには、各所に吊るされている「提灯お化け」と「唐傘お化け」、賽銭コーナーの脇の「狐」の像、グッズ売り場の暖簾に描かれた「狸」の絵、天冠（頭につける白い三角の布）に経帷子の「幽霊」くらいだ。もっとも、「狸」はともかく「狐」の妖怪は中華圏に端を発するようなので、これを日本妖怪とするのは今日的解釈かもしれない。

欧米の妖怪もほとんど見られない。唯一、ハロウィーンのカボチャ「ジャック・オー・ランタン」だけが、日本の「提灯お化け」「唐傘お化け」と一緒に吊るされていた。[4]

中華圏の妖怪も少なく、レストランの屋根の上に置かれた妖怪（レストランの名が「閻王」であることから「餓鬼」と推測される）くらいである。

多数を占めているのは、渓頭妖怪村オリジナルの妖怪群である。勝手に名前をつけて列挙していくと、妖怪郵便局脇に置かれている「のっぺらぼうの郵便局員」の看板、そこかしこに置かれている「妖怪ポスト」「ビール瓶妖怪」「壁妖怪」（案内書きや注意書きが貼られていることもある）。一カ所にしかないが印象が強烈な「妖怪列車」と「給水器妖怪」（何と局部から水が出る）、土産として売られていた「トックリ妖怪」……など。デザインしやすいのか、器物の妖怪が多い。とりわけ、一つ目に長い舌をぺろんと出した姿のモノが多いことは、一つの特色として提示できる。

感心したのは、これだけ雑多な「妖怪」たちがひしめくなかで、あからさまに水木妖怪のパクリと思われるデザインのものは皆無だったことである。かつては海賊版が横行していた台湾も、昨今は著作権にうるさくなってきている。しかし、それをふまえたうえでなお、渓頭妖怪村の妖怪たちには、どこかしら水木妖怪の影響が見て取れるのは面白い。日台共通のいわば「妖怪」の原型《イデア》とでも呼ぶべきものが形成されつつあるのがわかる。直接的な影響関係ではなく、さらに深いところで

鳥居と茅葺屋根の売店
(筆者撮影)

天狗の面のオブジェ
(筆者撮影)

饅頭妖怪(筆者撮影)

八豆と枯麻（筆者撮影）

妖怪列車（筆者撮影）

火焔妖怪（筆者撮影）

写真14　渓頭妖怪村の様子

の水木妖怪の影響は、妖怪文化の今後を考えるうえで興味深い。
妖怪村の「妖怪」の多くはオリジナルだが、伝承妖怪なのか創作妖怪なのか区別がつかないものもある。(5)「饅頭妖怪（原文は「包子簡《パォツジエン》」）」がそれで、オブジェの脇の解説板にこんな由来が書かれている——昔、南投（台湾中部）の山中に、饅頭売りの簡という貧しい少年がいた。ある日、簡少年は山賊に遭い、饅頭を奪われたあげく、左腕を切り落とされて殺された。閻魔王は復讐を勧めたが、簡少年は「彼もおなかをすかせていたのでしょう」と、山賊に同情して断った。その心根に感動した閻魔王は、簡少年を「山魅」にし、善いおこないをした人にはいい結果を、悪いおこないをした人には悪い結果を与えるようにした——。

「山魅」は台湾の民間伝承に出てくる山の怪で、道行く人を迷わせるという。「迷わし神」型の妖怪だが、ここでは正負両面の性格をもたされている。右の由来譚の冒頭には「子どものころ、祖母から聞いた話です」と書かれているので伝承妖怪と見なせるが、かたわらには饅頭屋があり、由来を説明した漫画も売られていたので、伝承を装った創作かもしれない。いずれにせよ、「饅頭妖怪」のビジュアル——台湾でも人気の『千と千尋の神隠し』の「カオナシ」を思わせる——は創作にちがいない。ただ、真偽はともかくも、妖怪村の来客数を考えると、この「饅頭妖怪」が南投の妖怪として定着していく可能性はある。

さて、妖怪村のマスコットは、二体のゆるキャラである。茶色くて大口を開けている「八豆《バートウ》」は台湾黒熊（タイワンクロクマ）の妖怪、(6)黄色くて髭が生えている「枯麻《クーマ》」は雲豹（ウンピョウ）の妖怪である。台湾黒熊は絶滅危惧種。雪豹も台湾では野生種は絶滅したといわれる。ともに台湾を象徴する動物である。現代日本の創作作品では、妖怪はしばしば自然を象徴するものとして描かれ、鋭く人間と対立してきた。とぼけた顔の「八豆」と「枯麻」にも、そうした日本的妖怪観が投影されているといえそうだ。

それにしても、妖怪村のシンボルの大鳥居を見ていると、ある種の感慨がわいてくるのを禁じえない。日本統治時代、台湾には国家神道の神社が各地にあったが、それらはみな、戦後の国民党政権下で取り壊されたり、忠烈祠（国に殉じた者を祀る廟）に建て替えられたりした。こういうかたちで鳥居が復活するとは、誰が想像しただろうか。(7)

日本人ならば誰もが、妖怪村の家並みを目にしたとき郷愁にとらわれるだろう。というのも、いたるところに「日本」的な意匠が施されているのである。大鳥居の前には手水舎があり、石段を上った先の本殿があるべき場所には、台湾の伝統芸能・布袋劇の舞台がしつらえてある。脇には、賽銭箱に狐の石像。そのほかにも、店の屋根が茅葺きを模していたり、レストランのなかには鈴緒がついた大鈴（神社で見られる）があったり、鯉のぼりが飾られていたりする。従業員の若い女性たちは浴衣を着ていて、土産物店が並ぶ区域のゲートには「妖怪有楽町」なる看板が掲げられている。どこかで見た風景——一連の「日本」的意匠は、日本人には懐かしさを、台湾人にはエキゾチズムを感じさせる仕掛けになっている。例えていうなら、横浜の中華街に対して抱く感情が、日本人と台湾人とで異なるようなものである。

このように、台湾では「妖怪」という語は「日本」イメージと密接に結び付いている。それは現実の日本ではなく、台湾人のイメージのなかの「日本」幻想である。

日本の妖怪たちは、江戸中期から明治大正期にかけてキャラクター化され、戦後になってサブカルチャーのなかで流通したのち、やがてマスコット化された。香川雅信がいう妖怪革命である[8]。その説にならえば、台湾の妖怪村のかわいい「妖怪」たちは、妖怪革命後の日本の妖怪文化の影響下にあるといえる。

そんなことを考えていたさなか、台湾で、『台湾妖怪研究報告』(周易正總編、行人文化実験室、二〇一五年)全三巻が刊行された。第一巻『台湾妖怪図鑑』は、その名のとおりの妖怪図鑑。第二巻『妖怪観察記録指南』は、妖怪を観察し、捕まえるためのガイドブック。ここまでは子どもが読者に想定されている。しかし第三巻『妖怪見聞録』では、読み物的な要素は残しながらも、一転して学術的な内容となっている[9]。

『台湾妖怪図鑑』には、全部で十六種の「妖怪」(原文のママ)が立項されている。同書のユニークな点は、これらの「妖怪」たちが動物として扱われていることである。

例えば、第6・7章で取り上げた魔神仔(モシナ)は、「動物界>脊素動物門>哺乳綱>霊長綱>人猿総科>毛仔属」に分類され(「人猿総科」までが実際の動物学の分類)、「野生属群現況(野生での生息状況)」「分布」「棲地(生息地)」「食性」「身高/体長」といった項目がある。また、解説には個別の目撃例と、出典となる資料が付けられている。配列も「陸生類」「水生類」「植物類」に三分類されている

ジョークがジョークとして成り立つには理由がある。その理由とは、妖怪と紙一重でときには同一視されてもいた、前近代的な動物観が下敷きになっているということである。妖怪図鑑と動物図

鑑は、相当に近い位置にあった。妖怪村のマスコットが台湾黒熊と雪豹という実在の動物であることを念頭に置くと、この点がはっきりしてくる。(10)

2 赤い服の女の子は、なぜいない?——『台湾妖怪図鑑』

『台湾妖怪図鑑』でイラストを担当したのは只是という人である。写実的な描画で、怖さが強調されているのはいいが、背景がなく、白地のバックに妖怪だけを描いているのが気にかかる。前章で小松和彦が指摘した「物語」がないのである。

イラストを描くにあたって、先達としての苦労はあったろう。ただ、『台湾妖怪図鑑』の「妖怪」たちは動物由来のものが多く、弱いビジュアルイメージはあるので、その点は楽だったかもしれない。ビジュアルイメージが希薄なのは魔神仔くらいだ。なお、同書の魔神仔は白ブリーフをはいたゴリラのような姿で、こんなのに森で出くわしたら別の意味で怖い。

『台湾妖怪図鑑』を読んでいて気づいたことが三点ある。一点目は、創作妖怪がないこと。イラストや説明文には創作個所が多いが、取り上げている「妖怪」そのものには、必ず元ネタとなった民間伝承がある。二点目は、中国大陸の「妖怪」が一体もないこと。すべて台湾島で伝承されている(いた)ものなのだ。書名に偽りはない。三点目は、いわゆる幽霊(人の死の延長線上にある怪異)がないこと。

図16　「虎姑婆」（右）、「竹篙鬼」（左）
（出典：周易正總編『台湾妖怪図鑑』行人文化実験室、2015年、17、77ページ）

　三点目についてはあとで述べるとして、まずは一点目と二点目について考えてみたい。

　創作妖怪がない、中国大陸の例がないということは、『台湾妖怪図鑑』という本が、台湾人アイデンティティーに関わることを示している。伝統的なるものと接続して「妖怪」が形作られている点は、水木の「妖怪図鑑」や『琉球妖怪大図鑑』でもそうだった（第8章を参照）。

　それでは、個別の「妖怪」たちを見ていこう。まずはポピュラーなものから。『台湾妖怪図鑑』の「妖怪」たちのなかでもっとも有名なのは、虎姑婆《フークーポー》である。昔話「虎姑婆」（内容は、グリム童話の「狼と七匹の子ヤギ」に類似）に登場する人食い虎の妖怪だ。「瀕臨絶種（絶滅危惧種）」で、起源は「小氷河時期に台湾に移動した華南虎」だとか。

地牛《ディーニョウ》も台湾人になじみ深い。地中にいる巨大な牛で、動くと地震が起きる。日本でいう地震鯰にあたる。現代でも、地震のことを「地牛翻身（地牛が寝返りをうつ）」という言い回しがある。これも伝統的なるものから生まれた「妖怪」といえる。なお、生息状況は「珍奇稀有」、希少種ではあるものの絶滅危惧というほどではない様子。

人面魚《レンメンユー》は都市伝説が元ネタ。内容は——ある人が食堂で焼き魚を食べようとすると、その魚の横腹の部分に人の顔が現れ、「おいしいですか？」と言ったという——怪談なのか笑い話なのかリアクションに困る内容だが、台湾の若い人の間では知られた話だ。類話は東南アジアに多く、日本の昔話「物言う魚」とも通じる。『台湾妖怪図鑑』では、近年の工業化によって生息数が激減しているとされている。日本のマンガやアニメに多い、妖怪を自然の象徴と見なして人間と対立させる図式がここでも見られる。

『台湾妖怪図鑑』の「妖怪」のなかで、現代の台湾人になじみ深いのは、以上の三体（虎姑婆、地牛、人面魚）と魔神仔くらいで、そのほかは台湾人にとって初めて見聞きするものばかりのようだ。もっとも、図鑑に載ることによって復活する可能性がある。

例えば、風を自在に操る制風亀《ズーフォングェイ》も『台湾風俗誌』の記事を元ネタにしているが、いまでは知る人もいない。忘れ去られた伝承が、「妖怪」としてよみがえろうとしている。なお、『台湾風俗誌』には、石燕《スーイエン》という風を呼ぶ鳥の記事もあるが、『台湾妖怪図鑑』は取り上げていない。制風亀とキャラが重なるために回避されたのか。

これは日本の場合でも同じで、マイナーな妖怪が妖怪図鑑に載ることによってメジャーになった例は少なくない(11)。妖怪図鑑には、妖怪をキャラクター化して名称とイメージを固定化させ、伝承を促したり、あるいは、新たな伝承を生み出す力もあるのだ。敷衍すれば、妖怪研究に限らずに民俗学全般にいえることでもある。図鑑や事典に載せられたために忘れられた伝承がよみがえり、固定化したり変容したりすることはよくある。

例えば、竹篙鬼《テッコオクイ》は、『台湾風俗誌』の原文では、「丈高《セイタカ》入道とも云ふべきものにて、ひょろ〳〵と丈け高き鬼なり」と、わずか一行の記述があるだけである。「竹篙」は竹竿のことだが、竹竿が化けたものなのか、背が高いことの比喩に竹竿を用いているのか、はっきりしない。これが『台湾妖怪図鑑』では、竹竿ではなく、竹そのものの姿で描かれている。ここから、固定された竹篙鬼のビジュアルが生まれるのかもしれない(12)。

さて、先ほど指摘した『台湾妖怪図鑑』の特徴の三点目、「幽霊」が載っていないという点について、現代伝説「黄色小飛俠」を例に考える。

黄色小飛俠《ホアンサーシャオフェイサー》は、玉山（台湾の最高峰。日本統治時代の名称は「新高山《にいたか》」）で山仕事をしていた人や登山客の間でささやかれていた「妖怪」で、玉山小飛俠《ユイシャンシャオフェイサー》ともいうそうだ。

いろいろバリエーションがあるが、『台湾妖怪図鑑』に載るのはこんな話だ――大雨の夜、ある人が山小屋で過ごしていると、ノックの音がする。ドアを開けると、黄色い雨合羽を着た男たちが立っていて、ひと晩泊めてほしいと言う。快諾したその人が、体を温めるためのお湯を沸かしにいったあと、ドアのところに戻ると、男たちの姿は消えていた。

黄色い雨合羽の謎の男たちが、複数で現れるところがミソで、おそらく登山中に遭難死した者たちの亡霊なのだろう。[13] 玉山でも特定の峰に現れることが多いそうだが、察するに、そこは登山者にとっての難所で、多くの犠牲者が出たものと思われる。

動物由来の「妖怪」が多い『台湾妖怪図鑑』にあって、人の姿をした黄色小飛俠は異例の存在といえる。解説では、黄色小飛俠は「台湾の高山地域に生息するホモ・サピエンスつまり人の亜種」とされている。「人の亜種」ということは人ではない、つまり、人の死の延長線上にある「幽霊」でもないという解釈である。人の姿に似ていながら人ならぬモノ、日本でいえば鬼や天狗、河童などのような感じか。

黄色小飛俠は、遭難者の死霊だと暗示されているものの明言はされていない。おそらくここが、図鑑の編者が「妖怪」として採択するギリギリのラインだったのだろう。

「黄色小飛俠」の噂はあまり一般的ではないが、「紅衣小女孩《フォンイーシャオニュイハイ》（赤い服の女の子）」の噂ならかなり知られている。ホテルや学生寮などによく出るという。深夜、誰かがドアをノックするので開けてみても誰もいない、そんなときは紅衣小女孩のしわざとされるのだ。近年、紅衣小女孩はポピュラーカルチャーの題材にもなっていて、映画化もされている。[14]

先般、勤務校の南台科技大学でおこなったアンケートでも、紅衣小女孩の知名度は圧倒的だった。[15]「台湾の幽霊妖怪で知っているものをあげてください」という設問に対する回答の一位が「紅衣小女孩」の二百五十八票、二位の「虎姑婆」の五十三票、三位の「魔神仔」の四十三票と大差をつけている。

紅衣小女孩には鮮烈なイメージがあるので、ビジュアル化は容易である。妖怪図鑑に載せるのに、これほど適したモノはないはずだ。キャラ立ちしているという点では、日本の「トイレの花子さん」に匹敵する。にもかかわらず『台湾妖怪図鑑』に項目がないのが不思議である[16]。

思うに、『台湾妖怪図鑑』に紅衣小女孩の記事がない理由の一は、台湾の伝統文化と結び付かないこと、理由の二は、「妖怪」ではなく「幽霊」だと見なされたからではないだろうか。

序に述べたように、「幽霊」と「妖怪」の定義については議論が分かれるところで、両者を区別する必要はないという立場もある。ただ、漠然と、「幽霊」は人の死の延長線上にあるもの（死者が化けたもの）、「妖怪」は人の死の延長線上にないもの（動物や植物、器物などが化けたもの）という印象を持たれている。

江戸の妖怪絵本には「幽霊」も「妖怪」とともに載せられていたが、水木の「妖怪図鑑」には載せられていない。特に個人名がある幽霊（お岩、お菊、累《かさね》……など）は避けられている。「妖怪」概念の生成と絡めて考えると、興味深い点である。

ひるがえって『台湾妖怪図鑑』を見てみると、いわゆる「幽霊」が載せられていないことに気づく。文芸化されて有名になった林投姐《リントウジエ》（林投〔タコノキ〕で首を吊った女性の幽霊）も、各地で報告例が多く昔話にもなった水鬼（溺死した者の幽霊）も載っていないのだ。ここに『台湾妖怪図鑑』の思想がうかがえる。

ところで、紅衣小女孩については、有名な動画がある。素人が撮影した映像で、登山道を行くメンバーの後ろを、赤い服を着た女の子（背格好は少女のようだが、顔は老婆のようにも見える）がついてくるのが映っている。この映像はテレビのニュースで流され、いまもネットの動画サイトにアップされている。登山者が遭う怪異という点は、黄色小飛俠と似ている。

動画を報じたニュースでは、この怪を「魔神仔」と呼んでいた。第6・7章で述べたが、モシナはしばしば「赤い髪、赤い体（もしくは赤い帽子、赤い服）の子ども」とされ、紅衣小女孩とも似ている。だから、ニュース番組のレポーターは魔神仔と呼んだのだろう。

私は、現代台湾の紅衣小女孩は、魔神仔の古態と、厲鬼《リーグェイ》が混交したものではないかと思う。「厲鬼」は、鬼（幽霊）のなかでも特に凶悪なもので、赤い服を着て現れる。

厲鬼も『台湾妖怪図鑑』には載っていない。「妖怪」を動物に擬する『台湾妖怪図鑑』では、人間の延長線上にある「幽霊」は採らないのだ。同書では、自然の一部である「妖怪」は滅びゆくものだとされている。この点、未確認動物に対して抱く感情と似ている。そして、滅びゆくものであるがゆえに「妖怪」は保護しなければならない——是非はさておき、『台湾妖怪図鑑』には、そうした思想がある。

3　台湾の妖怪学——『妖怪台湾』

日本の「妖怪」概念は、「幽霊」的な要素を排除することによって生成していったが、台湾の場合はどうなのだろうか。この点について考える前に、先の「台湾の幽霊・妖怪知名度調査」のアンケート結果を報告する。

一位「紅衣少女孩」(二百五十八票)、二位「虎姑婆」(五十三票)、三位「魔神仔」(四十三票)は、先に述べたとおり。四位には、映画やテレビで有名になったキョンシー=「殭屍」(三十四票)が入っている。五位は「黒白無常」(三十三票)、これは台湾のお祭りに登場する「七爺八爺」のことである。[17] 六位の「牛頭馬頭」(二十七票)は閻魔大王の陪臣。七位の「林投姐」(二十六票)は、先に述べたように台湾を代表する幽霊で、文芸作品の題材にもなった。同数で七位は第7章でふれた「水鬼」(二十六票)、九位の「年獣」(十四票)は正月に訪れる怪物で、日本のナマハゲに似ている。[18]

そして十位に前述の「人面魚」(十二票)が入っている。

こうして並べてみると、比較的ビジュアルイメージのあるモノが多い。「黒白無常」「牛頭馬頭」「年獣」などは、小松和彦がいう「造形された妖怪」にあたる。「虎姑婆」「殭屍」「林投姐」はマスメディアで統一されたイメージがある。「紅衣少女孩」「水鬼」「人面魚」なども、弱いビジュアルイメージがある。「魔神仔」にも、かつては「赤い髪、赤い体」という弱いビジュアルイメージがあった(第6章を参照)。

裏返せば、ビジュアルイメージをもたない「妖怪」は伝承されにくいともいえる。

ただ、数年後にアンケートをとると、別の結果が得られるかもしれない。というのも、台湾妖怪史に残る本が二〇一七年に刊行されたからだ。タイトルは『妖怪台湾』(何敬尭/張季雅・絵、聯経)で、五百八十八ページ、項目数は二百二十九にも及ぶ。図版や写真も豊富なうえに、出典も明記されていて資料性も高い。決定版といっていい内容である。

序文によると、著者の何敬尭が、妖怪小説を書く準備のために台湾の妖怪を網羅した本が必要だと感じたのが、執筆動機だという。また、日本の妖怪文化の豊潤さにふれたのち、台湾の「妖怪学」を樹立する必要性を述べている。今後、何の仕事が台湾の妖怪学の規準となると思う。それは日本の妖怪学にとっても刺激になるはずだ[19]。

例えば「妖怪」の分類である。『妖怪台湾』では、「妖怪」「鬼魅」「神霊」の三つに分類し、それらの上位概念を「妖鬼神」としている。何の定義によると、「妖怪」は「物の霊や、魔物が変化し

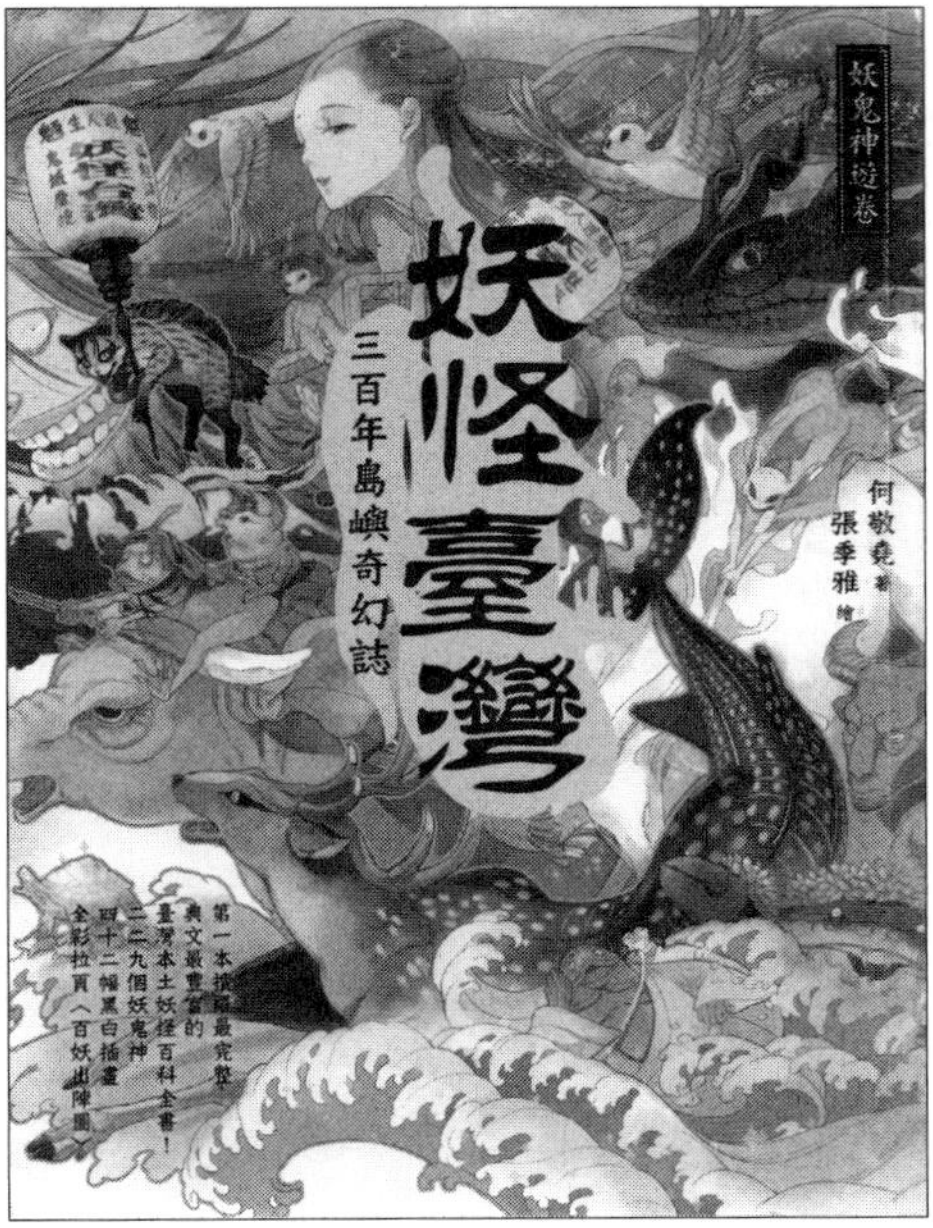

図17　何敬尭、張季雅・絵『妖怪台湾――三百年島嶼奇幻誌：妖鬼神遊巻』（聯經出版公司、2017年）のカバー。書名の下に「鯊鹿児」がいる

た妖精で、具体的な形があるもの」、「鬼魅」は「魑魅魍魎。由来は不明。形は曖昧で、はっきりしない。人が死んで鬼になったもの」、「神霊」は「精霊、神仙の類。人々が崇拝し、信仰するもの」である。さらに「妖怪」を、「幻獣」「霊禽」「奇虫」「魔人」「龍族」「物妖」に分類し、「鬼魅」を「人鬼」「災鬼」に分類している。

何は、これらの「妖鬼神」の由来を分類基準にしている。「天地自然、動植物、無機物」に由来するものが「妖怪」、「人」に由来するものが「鬼魅」。「神霊」は「妖怪」「鬼魅」に由来するが、直接、「天地自然、動植物、無機物」や「人」に由来するものもある。台湾の「妖鬼神文化」を体系的に把握する試みである。

『台湾妖怪図鑑』とくらべると、いわゆる幽霊が排除されていない点に、『妖怪台湾』の思想を指摘できる。何の体系によると、「人」に由来する「鬼魅」は「神霊」化する可能性を秘めたもので、同じように「神霊」化の可能性を秘めた「妖怪」と対をなす存在である。だから、幽霊を含めたのだろう。日本の例に照らしても、興味深い見解である。

その一方で、『台湾妖怪図鑑』に収録されている現代の都市伝説の「妖怪」（人面魚、黄色小飛俠など）が『妖怪台湾』には見られない。これは、『妖怪台湾』が収録対象とした時代が近代以前だったことによる。背景には、台湾特有の事情があると思われる。

『妖怪台湾』の時代区分は、「大航海時代」（オランダ、スペイン時代）、「明清時代」「日本時代」に分けられていて、第二次世界大戦以降（「国民党時代」「民主台湾時代」）がない。[20] 台湾の現代史にはタブーが多い。いまの台湾の若い世代は民主化以降に生を享けているが、親の世代は国民党の恐怖政治を経験している。そして恐怖政治をおこなっていた側の人間は、いまも存命である。現代台湾で多い孫文や蔣介石に関する怪異が載せられていないのも、そうした理由があると思われる。[21]

もっとも、そうした政治的理由とは別に、「妖怪」とは現代の社会と連結させにくいものだという指摘もできる。沖縄の妖怪事典でも現代の事例が収録されていなかったが（第8章を参照）、ここに「妖怪」の表象をめぐる水木パラダイムの問題が見て取れる。水木の「妖怪」は、伝統的なるものと結び付いて文明社会と対峙し、ノスタルジアを呼び起こさせるが、逆にいえば、伝統と結び付かないモノは「妖怪」と認知されにくいのである。

さて、台湾「妖怪」史上、画期的な『妖怪台湾』だが、すべての「妖怪」がビジュアル化されているわけではない。二百二十九項目のうち、イラストがあるのは四十二点。妖怪図鑑というよりは妖怪事典といったほうが正確かもしれない。

ただ、ビジュアル化が本書の要点だったことは、同書収載のイラストレーター張季雅の制作裏話（漫画）から明らかだ。漫画によると、依頼を快諾した張だが、台湾の「妖怪」といわれても何も思いつかない。思い浮かぶのは、日本の妖怪（河童、ろくろ首、提灯お化け、唐傘お化けなど）ばかり。「西欧のファンタジーの動物や、日本の妖怪・幽霊ははっきりしたイメージがあるのに……。台湾の妖怪の特色って何だろう？」と、周囲から妖怪に間違われるほど思い悩む。

結局のところ、通俗的な「妖怪」という概念自体が日本的なものなのである。これは『台湾妖怪図鑑』や『琉球妖怪大図鑑』にもいえることだが、日本的な「妖怪」に近いものを、沖縄や台湾の文化のなかから選び出し、「妖怪」と見なしていく傾向がある。

ここには微妙な問題が絡んでいる。通俗的「妖怪」が伝統を装い、地域アイデンティティーと関わるものであることは先に述べたが、それでは「台湾の伝統文化とは何か」ということが問題になる。これは、中国との差別化をはかる台湾人にとって重要なテーマである。

それで張がどうしたのかというと、絶滅動物と想像上の動物に関する本に活路を見いだした。具体的に書くと、絶滅動物は現生の動物からその姿や生態を類推する。ならば想像上の動物も、現生の台湾の野生動物に似せればいい。例えば、石虎（タイワンヤマネコ）という絶滅危惧種から「瑯嬌霊猫」という「妖怪」の姿を創出するというものだ。『台湾妖怪図鑑』と同じく、「妖怪」のビジュアルが動物の姿から採られている点に留意したい。(22)

その創作過程についても詳しく描かれているが、張は、著者の何と二人三脚で「妖怪」たちを作り上げていったという。なかでも張自身のお気に入りは「鯊鹿児」で、上半身が鹿、下半身が鮫という姿。鹿が鮫に変身する伝承は明清朝時代の文献にあるとのことだが、ビジュアル化するとインパクトがある。もとの伝承にあった弱いビジュアルイメージが、イラストレーターの手によって強化されたといえる。

私が張の妖怪画を好ましく思うのは、小松がいう「物語」（第8章を参照）があるからだ。『台湾妖怪図鑑』の「妖怪」たちは白い背景の前にぽつんと放り出されていて、周囲の様子や前後の状況もまったく描かれていない。しかし、『妖怪台湾』では、そのあたりも「妖怪」の姿形や動きとともに丁寧に描かれていて、しかも、ちゃんと怖い。

例えば、恨みを残して死んだ者がなる「墓抗鳥」では毒々しい熱帯の鳥が飛び立つ下に横死者と

図18 「飛顱妖」「縊鬼」
（出典：前掲『妖怪台湾』400―401、444ページ）

思われる白骨が描かれ、「蛇郎君」では大蛇と魅入られた女性が絡み合う様子が描かれ、「爆竹会社鬼譚」では炎のなかを歩く女性の姿が描かれている。

また、構図にも工夫が凝らされている。私が感心したのは「飛顱妖」で、無数のどくろが画面奥から迫ってきていて、襲われる男を手前に配している。それが見開きで描かれていて、ページをめくって読み進めていく、本というメディアの特性を生かしている。

同時に、張によるキャラクター化もしっかりおこなわれている。前半は、碧龍、巨象牛、巨蟹、金鱗火鱷（「鱷」は「ワニ」の意味）など、動物由来の弱いビジュアルイメージをもった「妖怪」が多いが、後半になるにつれ、オリジナリティーが強い「妖怪」が増えていく。

例えば、回音霊という声だけの「妖怪」（日本のヤマビコに類似）は小型の哺乳類のように、洞窟から現れて災厄をもたらすという天花鬼は歯をむき出して笑う黒い小人の姿で、絞首刑に処された者の霊である「縊鬼」も首吊り台を背負った格好で、描かれている。どれも怖いながらも、どこかユーモラスな雰囲気を漂わせている。例の魔神仔は、大きな葉っぱをかぶった河童のような姿に描かれている。

褒めすぎかもしれないが、張のイラストは、沖縄の妖怪図鑑のイラストを描いた三木静がそうであるように、台湾の妖怪絵師の誕生を思わせるものがある。台湾の「妖怪」たちに固定された強いビジュアルが与えられる日も近いかもしれない。そのとき、台湾の「妖怪」のキャラクター化は、一つの曲がり角を迎えるだろう。

そうしてキャラクター化された「妖怪」のなかから、かわいらしくマスコット化された「妖怪」

が出てくると思う。台湾でいえば、鹿と鮫をミックスした鯊鹿児、沖縄でいえば、アヒルの姿のアフイラーマジムンあたりが、マスコット化する可能性がある。

もっとも、「かわいい」という感情は、対象を下に見ることによって生じるものである。[23]それは沖縄や台湾の「妖怪」たちが、人間の側に取り込まれることを意味する。それがいいことかどうかは別として。

注

(1) 私が渓頭妖怪村を訪れたのは二〇一三年十月十九日から二十日である。

(2) 李の論考では、観光文化と消費活動の関連を論じている。その際、「日本」的なるものが記号として用いられていることを指摘している。李論文でも、来客に対するアンケートはおこなっているが、鄭らの論文では、さらに精緻に分析している。李亜珍「擬像与符号消費理論之応用——以南投「妖怪村」景区為例」淡江大学法国語文学系、二〇一四年、鄭殷立／何旻娟／鐘偉立「商店気氛、顧客満意度与忠誠度之関係——以渓頭妖怪村為例」「2014第九届海峡両岸学術検討会」(予稿集)、二〇一四年

山中らの論考では、「非場所的な性質を持つポピュラー文化が、その特質ゆえにローカル化を容易にし、それによって、あらたな場所性を創造していくことを可能にする過程」を追っている。一般論として、「ポピュラー文化消費の拡大」と「地域の固有性の再創造」は相性がよくないなか、渓頭妖怪村が成功した理由をいくつかあげているが、やはり「妖怪」というコンテンツの魅力によるところが大きいとする。山中千恵／伊藤遊／百瀬英樹「ポピュラー文化の観光資源化と「伝統の創造」——

台湾南投県渓頭妖怪村を事例として」『仁愛大学研究紀要人間学部篇』第十四号、仁愛大学、二〇一五年

また、妖怪を利用したコンテンツ・ツーリズムの研究に、市川寛也の論考がある。市川寛也「鵺ばらい祭り考――温泉観光地における民衆文化の創造」、文化資源学会編「文化資源学」第十二号、文化資源学会、二〇一四年、同「妖怪文化を活用したコンテンツツーリズムの開発に向けた基礎的考察――「モチーフ」から「ジャンル」への転回を見据えて」「コンテンツツーリズム学会論文集」第二号、コンテンツツーリズム学会、二〇一五年

(3) 妖怪を町おこしに利用して成功した境港市の取り組みについては、舛田知身『水木しげるロード熱闘記――妖怪によるまちづくり境港市観光協会の挑戦』(境港市観光協会、二〇一〇年) が詳しい。

(4) 近年、台湾でもハロウィーン (中国語では「万聖節」という) が年中行事化しつつあるが、日本と同様、キリスト教臭は希薄である。年中行事から宗教の要素を取り除いて娯楽化するのはクリスマスと同じだが、そのことと「妖怪村」の大鳥居とは、どこかへソの緒がつながっているような気がする。

(5) 論の混乱を防ぐために伝承妖怪と創作妖怪は一線を画すべきだというのが私の立場だが、巨視的に見れば、両者の間の垣根は低い。田辺龍も、伝承か創作かという問題は起源が不明になるにつれて「どうでもよくなる」ことだと述べている。田辺龍「幻想領域のメディア表象について――近世出版メディアから20世紀アニメーションに至る妖怪「ぬらりひょん」の変貌をめぐって」、麗沢大学紀要編集委員会編「麗沢大学紀要」第九十九号、麗沢大学、二〇一六年

(6) 「台湾黒熊」はこれ以外にもゆるキャラとして定着し、台湾の各所で見られる。日本の「くまモン」にそっくりで、共演もしている。

(7) 日本統治時代の台湾には各地に神社があったが、いまはほぼ取り壊されている。現在、社殿が残っ

ているのは桃園神社と通霄神社だけである。嘉義神社は社務所だけが残っている。鳥居だけが残っているケースもあるが、そうした場合でも、一部、取り外されている場合が多い。台北の二・二八公園には、多数の鳥居が移築されている。

（8）香川がいう「妖怪革命」に相当する現象は世界各国で起こっているし、もしくは起こりつつある。背景にある文化や当今の政治情勢をふまえて考察していくと、興味深い結果が見えてくると思われる。前掲『江戸の妖怪革命』

（9）第三巻の執筆者には、李台軍（元玉山気象所観測員）、林美容（中央研究院研究員）、浦忠成（原住民神話研究者）、陳器文（元中興大学）といった研究者たちの名が並んでいる。一方で、銀色快手、何敬尭、角斯、頼火旺といった作家、オカルトライターたちも執筆していて、いまひとつ意図をつかみにくい。

（10）もっとも、編者の側が「妖怪」として扱っているだけで、当の話者たちは「動物」として、そのモノを捉えている可能性も高い。特に話者が先住民族の場合、調査者（大多数が漢民族）が抱いているある種のオリエンタリズムが話の解釈に影響を及ぼすことも考えられる。一方、話者の側が「妖怪」を「動物」として、合理化して解釈している場合もある。こうしたケースはあらゆる地域・民族に見られると思うが、台湾の例として、蛸島直の論考をあげておく。先住民族プユマ族に伝わる謎の動物「ラクー」の伝承を追った論考で、幻獣論としても妖怪論としても興味深い。蛸島直「謎の台湾カンガルー――プユマの民族動物学」、日本順益台湾原住民研究会編「台湾原住民研究」第八号、風響社、二〇〇四年

（11）例えば、水木が漫画の主要キャラクターとした、コナキジジ（子泣き爺）、スナカケババ（砂かけ婆）、ヌリカベ（塗り壁）、イッタンモメン（一反木綿）などは、在地伝承での報告例はきわめて少な

いにもかかわらず、現在ではメジャーな存在となっている。

(12) ビジュアルの統一とともに、名称の統一も進んでいくと思われる。「竹篙鬼」についても、同図鑑には「竹竿鬼」「竹鬼」という呼称が別名として記されているが、これらが同一の伝承だったか否かは定かではない。しかし、これ以降、「竹竿鬼」、「竹鬼」は「竹篙鬼」の別名、もしくは下位分類として定着していき、さらには消滅するのではないだろうか。なお、南台科技大学三年生の方文左さん(一九九七年、台南市生まれ)は、祖母(方馬玉時さん、台南市生まれ)から「竹篙鬼」の話を聞いている。道に倒れていて、人がまたいだとき、ピョーンと跳ね上がって連れ去るのだという。

(13) 日本でも「七人ミサキ」といって、山や海などに集団で現れる幽霊の話がある。「舟幽霊」も複数で現れる例があるし、軍人の幽霊も隊列を組んで現れる例が多い。同じ場所で同じような死に方をした者たちの幽霊が集団で現れるケースである。その場合、生前のその人の個性が希薄になる傾向がある。また、異界としての「山」は古来からモチーフとしてあるが、近年、実話怪談のなかでブームになりつつある。田中康弘『山怪――山人が語る不思議な話』山と渓谷社、二〇一五年

(14) 紅衣小女孩については前掲の拙著『現代台湾鬼譚』を参照。二〇一五年には『紅衣小女孩』(監督:チェン・ウェイハオ)というタイトルで映画化もされてヒット、一七年には続篇『紅衣小女孩2』(監督:チェン・ウェイハオ)も公開された。

(15) 同アンケートについては第6章注(22)を参照。

(16) 前掲『現代台湾鬼譚』でもふれたが、日本でブームになった「トイレの花子さん」は台湾でも人気を博した。実証するのは難しいが、紅衣小女孩のビジュアルに影響を及ぼした可能性は指摘できる。

(17) 黒白無常(七爺八爺)はもともと人間で、死後、冥界の役人に取り立てられた。台湾のお祭りではおなじみの存在である。どちらかといえば神の範疇に入れられるが、学生たちの認識では「妖怪」と

なっているようだ。

(18) 正月に爆竹を鳴らす習俗や対聯（縁起がいい文句を書いた赤い紙）を貼る習俗は、年獣に由来する。年獣の伝承は、中国の本草書に記載がある狒々《ひひ》にも通じ、日本の山人伝承にも関連が見いだせる。

(19) もっとも、何の作家としての創作姿勢には問題点が指摘されている。

(20) 前掲『妖怪台湾』の時代区分は、話の舞台となった時代ではなく、原資料が執筆された時代によって分けている。

(21) 外部との関わりでは、対中国の関係が問題になるが、台湾が抱える内的な理由として、先住民族文化との関係も問題化すると思われる。

(22) 妖怪を創作する際に動物の容姿や行動を参照することについて、石岡良治は、鬼太郎シリーズでの妖怪が「特殊な生物として描かれて」いる点を指摘している。前掲「水木しげるの新しい学」

(23) フィギュアを中心に現代日本の妖怪文化を紹介した葉怡君『妖怪玩物誌』（遠流出版、二〇〇六年）では、妖怪を「可愛《クーアイ》（かわいい）」ものとしている（「可愛」は、中国語として定着している）。「かわいい」をキーワードに文化論を展開する四方田犬彦は、「われわれの消費社会を形成しているのは、ノスタルジーとスーヴニール、ミニチュアールという三位一体である」としたうえで、「「かわいさ」は、こうした三点を連結させ」るものだとしている。そう考えると、通俗的「妖怪」がマスコット化される点、懐かしさと結び付く点、スーヴニール（思い出、記念品）化される点なども理解できる。四方田犬彦『「かわいい」論』（ちくま新書）、筑摩書房、二〇〇六年

初出・関連論文、随筆一覧

序　書き下ろし

第1章

「ザシキワラシの足音——妖怪と身体感覚」

＊「昔話伝説研究」第三十七号、昔話伝説研究会、二〇一八年

第2章

「鳥来の人と風土」

＊「不思議な世界を？考える会会報」第五十五号、不思議な世界を？考える会、二〇〇六年

第3章

「「化物問答」の近世と近代——昔話とリテラシー」

＊「澁谷近世」第十九号、國學院大學近世文学会、二〇一八年

第4章

「「一つ眼のダンジュウロウ」考——口承文芸の中の妖怪」

＊「昔話伝説研究」第三十五号、昔話伝説研究会、二〇一六年

第5章
「「迷ハシ神型」狐化譚の考察」
＊「昔話伝説研究」第十九号、昔話伝説研究会、一九九九年

第6章
「台湾妖怪「モシナ」概説」
＊「昔話伝説研究」第三十三号、昔話伝説研究会、二〇一四年

第7章
「現代台湾の「鬼」と「妖怪」――「モシナ」今昔」
＊『怪異・妖怪文化の伝統と創造――ウチとソトの視点から』二〇一三年（第四十五回 国際日本文化研究センター国際研究集会予稿集）
「台湾の妖怪たち 第二回 河童と水鬼」
＊「怪」第四十七号、角川書店、二〇一六年

第8章
「「妖怪図鑑」談義――『琉球妖怪大図鑑』と『台湾妖怪図鑑』をめぐって」
＊「世間話研究」第二十四号、世間話研究会、二〇一六年

第9章
「現代台湾妖怪案内」
＊石井正己編『現代に生きる妖怪たち』三弥井書店、二〇一七年

あとがき　書き下ろし

あとがき――天狗に遭った先祖

徳島県に出る「夜行さん」は、夜、首切れ馬に乗って現れるといい、その姿を見た者は不幸に遭うという。本書では、このような、人間が妖怪を感じる例を紹介してきた。それでは反対に、妖怪の側が人間を感じるとどうなるのだろうか。戯れ言だが、最後にこうした事例を紹介する。幕末、加賀金沢（現・石川県）の話で、私の先祖の鷺助という人が主人公である。祖母（伊藤光、旧姓・石黒、一九〇七―九九）からいくども聞かされた。

ある日、鷺助が、狩猟だったか釣りだったかで、深夜に山中に入り、ひとり焚火にあたっていたときのこと。

いつの間にか、男たちが焚火を取り囲み、車座に座っていた。焚火の灯りだけでは顔は見えず、座っている男たちの、胸から下のあたりだけが、火影に照らされている。

やがて、男の一人が、

「わしの顔はこんな顔でござる！」

と言って、焚火の近くに顔を突き出した。闇に浮かび上がったのは、鋭いクチバシをもったカ

ラス天狗の顔だ。続いて、となりに座っていた男が、

「わしの顔はこんな顔でござる！」

と言って顔を突き出すと、やはりカラス天狗の顔。

そうやって、男たちは、順番に顔を焚火の近くに突き出していく。みなカラス天狗の顔だ。次第に、鷺助の番が近づいてくる。

とうとう鷺助の番が来た。意を決した鷺助が、

「わしの顔はこんな顔でござる！」

と言って顔を突き出すと、とたんに、バサバサーッという羽音がして、男たちは闇の中に消えていった。

しばらくして夜が明けると、鷺助の仲間たちが迎えに来たという。

（「伊藤家の怪談」、不思議な世界を？考える会編「不思議な世界を？考える会会報」第六十三号、不思議な世界を？考える会、二〇一六年）


深夜、山中に異形のモノたちが集って闇の宴を開くという話は江戸時代の怪談に多いが、その一類に入れられる話だろう。昔話「瘤《こぶ》取り爺」の主人公は頬に瘤をぶらさげていたので、異形のモノたちの宴に加わることができたが（在地伝承では、鬼ではなく、天狗たちの宴とする例も多い）、鷺助には、そうした身体的特徴はない。天狗たちも、さぞ驚いたことだろう。妖怪も、人間に見られるのは恐怖だったのかもしれない。

＊

大学院生のころ、國學院大學の研究棟で常光徹さんと立ち話をしていると、話のついでといった調子で、「今度、妖怪のデータベースを作るんで、手伝ってくれないか」と誘われた。日本文化研究センターの仕事である。関西方面の作業は大阪大学の大学院生に依頼したが、関東方面での作業を國學院の院生に頼みたいとのことだった。数日後、打ち合わせのために角川書店に行って、初めて小松和彦氏と会った。話し合いのあと、各種図書館に所蔵されている民俗雑誌の調査カードのサンプルの作成を頼まれた。宮田登氏の希望で、妖怪の「色」について記述する項目を入れるように言われたことを覚えている。私が妖怪の研究に足を踏み入れたのは、このときである。

私は台湾赴任とともにこの仕事を離れたが、その後も資料の収集と整理は進められ、「妖怪伝承データベース」は、日本屈指の人気学術コンテンツとなった。

あれから二十年ほど。べつに妖怪研究を専門としているわけではないが、いつの間にか書いたものもそれなりの量になったので一冊にまとめることにした。特にテーマを決めて書きためていたわけではないのに、こうしてまとめてみると共通の問題意識がうかがえて、自分のことながら面白い。

共通の問題意識とは、一に身体感覚と妖怪の関連、二に話された妖怪への興味、三に妖怪のビジュアル化の問題である。たぶんに口承文芸研究を出発点とした私の出自と関わる問題意識で、思考の枠組みとなっている。「雀百まで踊り忘れず」といったところか。

なお、第5章「狐は人を化かしたか」は、私の第一論文をもとにしている（活字になった順序では二番目）。執筆から十八年、調査からは二十三年たつが、最近書いたものと並べても違和感がない。テーマがぶれていないというべきか、進歩がないというべきか。

本書の書名については瞬間的に「何かが後をついてくる」という題を思いついたが、すぐに『何かが空を飛んでいる』（稲生平太郎、新人物往来社、一九九二年）という本があることに気がついた。本来ならば別の書名を考えるべきなのだろうが、どうも、ほかに思いつかない。関係者の方にはご寛恕を請うばかりである。

念のため断っておくが、本書は、台湾について考察した本ではない。私が台湾に住んでいるので、その方面の話題が多くなっているが、あくまでも妖怪について普遍的に論じたつもりだ。ただ、第9章で書いたように、現在の台湾では「妖怪」が生まれつつあり、サンプルとして実に興味深い。また、日本の妖怪概念を相対化させるのにも有効だろう。アイヌや沖縄、韓国の例を入れたのも、そうした理由による。

テーマの性質上、本書では極力、「書かれた妖怪」つまり文献資料を用いないようにした。同じく、「描かれた妖怪」も、第8章と第9章以外ではなるべく取り上げなかった。その点、読者の期待には沿えなかったかもしれないが、ご容赦いただきたい。一方、妖怪といえばビジュアルが求められる風潮に、一石を投じられたのであれば幸いである。

とはいえ、私は従来おこなわれてきた文献上の妖怪研究や妖怪画研究の意義を否定するつもりはないし、また、それらが口承文芸のなかの妖怪研究と対立するとも思わない。ただ、こういう方向性もあるのだと指摘しただけである。

私は、学界は総体としてバランスがとれていればいいと思っている。A氏に欠けている部分はB氏が補い、B氏に足りない部分はC氏が埋め合わせるというふうに、みんなで球形を形作っていければいいわけで、個々の研究者は歪《いびつ》であってかまわないし、そのほうが面白い。

学界に限らず、人の世とはそうあるべきなのではないだろうか。妖怪の世界だって、きっとそうだろう。

最後に個人的なことを一つ。本書執筆中、日台合作のある妖怪アニメの制作に加わることになった。はからずも妖怪のビジュアル化に参加することになったというわけである。

民俗学には、参与観察といって、フィールドワーカーが地域行事に参加して内部から観察するという手法があるが、今回の場合はそうもいかない。一参加者ではなく、限りなく中心に近いところにいることになるからだ。研究する側ではなく、される側になったともいえる。この立場で、妖怪について発言するのには限界がある。

そういうわけで、妖怪に関する書籍はしばらく出せなくなると思う。寂しくもあるが、そろそろ潮時というものかもしれない。

二〇一七年十月　黄昏迫る台南にて

伊藤龍平

［著者略歴］
伊藤龍平（いとう・りょうへい）
1972年、北海道生まれ
台湾・南台科技大学教員
専攻は伝承文学
著書に『江戸の俳諧説話』（翰林書房）、『ツチノコの民俗学――妖怪から未確認動物へ』『江戸幻獣博物誌――妖怪と未確認動物のはざまで』『ネットロア――ウェブ時代の「ハナシ」の伝承』（いずれも青弓社）、『怪談おくのほそ道――現代語訳『芭蕉翁行脚怪談袋』』（国書刊行会）、共著に『現代台湾鬼譚――海を渡った「学校の怪談」』（青弓社）、編著に『福島県田村郡都路村説話集』（私家版）、共訳に尉天驄『棗と石榴』（国書刊行会）など

何《なに》かが後《あと》をついてくる　妖怪と身体感覚

発行――2018年8月3日　第1刷
定価――2000円＋税
著者――伊藤龍平
発行者――矢野恵二
発行所――株式会社青弓社
〒101-0061 東京都千代田区神田三崎町3-3-4
電話 03-3265-8548（代）
http://www.seikyusha.co.jp
印刷所――三松堂
製本所――三松堂

ISBN978-4-7872-2076-9 C0039

伊藤龍平

ネットロア

ウェブ時代の「ハナシ」の伝承

都市伝説的な奇妙な「ハナシ」は、ネット時代にどう伝承されるのか。「ハナシ」がインターネット上で増殖していく仕組みと内容の変容を巨大掲示板やSNSを事例に解き明かす。　定価2000円＋税

伊藤龍平／謝佳静

現代台湾鬼譚

海を渡った「学校の怪談」

日本語の幽霊を意味する中国語「鬼」は、現代の台湾でどのように恐怖の対象になっているのか。台湾流にアレンジされた「学校の怪談」から台湾のオカルト事情を活写する。　定価2400円＋税

伊藤龍平

江戸幻獣博物誌

妖怪と未確認動物のはざまで

ウナギになる山芋、一足鶏、遊歩する魚介、波に乗るタコブネ、大海蛇。奇妙な生き物に対する江戸期の人々の豊かな想像力を本草書から読み、日本人の動物観・生命観に迫る。　定価2000円＋税

伊藤龍平

ツチノコの民俗学

妖怪から未確認動物へ

江戸期には妖怪として畏怖されてきたツチノコが1970年代に幻のヘビとして日本中を騒がせ、未確認動物として認識されて、マンガや観光資源にまでなった足跡をたどる文化史。　定価2000円＋税